JN104549

流通・マーケティング基礎理論

伊部泰弘・松井温文　共著

五絃舎

はしがき

「ポストコロナ」を見据え、企業のビジネスのあり方も大きく変化してきている。特に、コロナ禍においては、各企業の収益格差が顕著になり、こうした状況を新たなビジネスチャンスと捉えている企業においては、改めて「流通・マーケティング」の重要性を感じているのではないだろうか。一方、私たち消費者に目を向けても、「巣ごもり需要」は拡大傾向にあり、情報端末やインターネットを活用したデリバリーやテイクアウトなどを利用している人も多いのではないだろうか。このように、消費者も企業が展開する「流通・マーケティング」戦略の恩恵を多分に受けているものと推察される。

そこで、本書は、「流通・マーケティング」分野においての基礎理論や事例を中心に、学生諸君に向けてまとめたものである。特に、出版社である五絃舎様からの許諾に基づき、これまで共著者2名の拙稿が所収された拙著のなかから、ブランド戦略、製品戦略、販売促進戦略、流通経路戦略、小売業マーケティング、インターネット・マーケティングなどのテーマを中心に選出し、最小限の修正に留め、再編集し、収録したものである。特に、「流通・マーケティング」について、学生諸君に興味・関心を持ってもらうことに主眼を置いているため、「流通・マーケティング」に関する基本的な要素を選別して掲載している。

本書が、皆様にとって「流通・マーケティング」を学び、考えるためのきっかけとなれれば幸いである。

最後に、本書の出版に関して快くお引き受け頂き、多大なご尽力を頂いた五絃舎の長谷雅春社長には心より御礼申し上げる次第である。

2021年9月8日

共著者を代表して　伊部泰弘

所 収

第1章：松井温文「ブランド戦略」伊部泰弘編著『北陸に学ぶマーケティング』五絃舎、2017年、49-58頁。

第2章：伊部泰弘「老舗ブランド」成田景堯編著『京都に学ぶマーケティング』五絃舎、2014年、25-36頁。

第3章：伊部泰弘「製品戦略–パッケージング–」伊部泰弘・今光俊介・松井温文編著『現代のマーケティングと商業』五絃舎、2012年、51-59頁。

第4章：松井温文「成熟市場の製品戦略」齋藤典晃・松井温文編著『最新マーケティング』五絃舎、2015年、33-38頁。

第5章：伊部泰弘「産学連携による製品戦略」今光俊介編著『中小企業のマーケティング』五絃舎、2016年、37-51頁。

第6章：伊部泰弘「広義の販売促進戦略」柳偉達編著『マーケティングの構造』五絃舎、2017年、37-46頁。

第7章：松井温文「狭義の販売促進戦略」柳偉達編著『マーケティングの構造』五絃舎、2017年、47-51頁。

第8章：伊部泰弘「流通経路」柳純編著『激変する現代の小売流通』五絃舎、2013年、37-48頁。

第9章：松井温文「強力な流通経路戦略」成田景堯編著『京都に学ぶマーケティング』五絃舎、2014年、109-118頁。

第10章：伊部泰弘「小売企業の革新的なマーケティング」齋藤典晃・松井温文編著『最新マーケティング』五絃舎、2015年、107-116頁。

第11章：松井温文「インターネット・マーケティング」柳偉達編著『マーケティングの構造』五絃舎、2017年、94-97頁。

目　次

第1章　ブランド戦略

第1節　老舗ブランドとマーケティング的ブランド

ブランドとは、品種、等級、銘柄、商標などを指す。品種は、例えばある食品に関する種類を示すものであり、米であれば「コシヒカリ」「山田錦」「あきたこまち」、桃であれば「清水白桃」「白鳳」「黄金桃」などがある。等級は、商品の品質の格付けであり、牛肉であれば「A5」「A4」、マスカットであれば「特秀品」「秀品」「優品」「良品」などがある。銘柄は、日本酒であれば、「大関」「久保田」「白鶴」、ウイスキーであれば、「余市（ニッカ）」「竹鶴（ニッカ）」「山崎（サントリー）」などである。商標は、商品やサービスを特定化するためのマークであり、特許庁での登録により、商標法による独占的使用権が保証される[1)]。

伊部泰弘氏によれば、ブランドは「自社の商品・サービスと競合他社のそれらを区別するために消費者の五感（視覚、聴覚、触覚、味覚、嗅覚）でとらえられるようにネーム、言葉、デザイン、シンボル、あるいはその他の特徴（それらをブランド要素ともいう）に置き換えられ表現されている[2)]」と捉えられている。

また、老舗ブランドと呼ばれるものもあり、特に老舗という言葉は、「由緒」「古い」「伝統」「格式」「歴史」などが連想されるだろう。老舗ブランドは「老舗であるブランド」や「老舗にふさわしいブランド」という認識がなされ、2つの特徴がある。1つはその用語には歴史や伝統の存在が明確に認識される。巨大製造企業にみられるブランドは経済主体が恣意的に形成したものであり、

---

1)　伊部泰弘「老舗ブランド」成田景堯編『京都に学ぶマーケティング』五絃舎、2014年、26頁。

2)　同上、26頁。

老舗ブランドとは根本的に異なる。老舗ブランドは日々の営業活動により自然と培われ、消費者によってそのブランドが高く評価された結果に過ぎず、恣意的な要素は含まれていない。もう1つはのれんにある物理的側面ではなく、会計的側面に注目すると、無形資産としての資産価値が非常に高いことを意味する[3]。老舗ブランドの形成に最も大きく寄与する要素はサービスも含めた商品そのものである。

老舗ブランドを明確に理解するため、その対極にあるマーケティング的ブランドを理解しよう。老舗のような明確に差別化された商品とは異なり、競合他社との差異がみえにくい商品そのものではなく、マーケティングをもって差別化を図ろうとする。マーケティング的ブランドは競争のための差別化手段である。例えば、製造元企業の記載がない膨大な種類の缶コーヒーが市場にある状況を想像してみよう。消費者は購買時の判断が困難になる。このような状況は消費者だけでなく、製造企業にとっても深刻な問題となる。マーケティングにおける商標は自社商品を積極的に購買させるための出発点と位置付けられる。それに対して、老舗における商標は極端に言えば、付与されなくとも経営は成立する。

以下に広告宣伝活動、販売活動、価格設定について、マーケティングと老舗経営活動との違いを理解しよう。マーケティングにおける販売促進戦略の中核を占める広告宣伝活動は商品に商標が付与されていなければ全く意味をなさない。その商品はどの企業が生産したかを消費者に特定化させることから始められる。それと同時に、その商標に対する良好なイメージを広告宣伝活動によって形成し、商品が優れたものであるという認識を消費者意識に植え付ける。例えば、人気タレントが醸し出すイメージを活用した宣伝広告がなされる。消費者は最重要目的であった良質な商品の購入からいつしかブランドの購入に移行させられる[4]。マーケティングはシャンプーならば、ある特定ブランド商品を購入するという指名購買を力強く促進する。

---

3) 同上、28-29頁。

4) 拙稿「マーケティングにおけるブランドの役割−岩永忠康先生の見解を基礎として−」『佐賀大学経済論集』第45巻 第1号、2012年。

それに対して、老舗では商品そのものが差別化され、競争力の源泉となるため、特別な広告宣伝の必要がない。逆に言えば、マーケティング的な広告宣伝活動は老舗の品格を損なう恐れがある。品質を高く維持するため、従業員は熟練が求められ、大量生産はできない。このような商品はその品質を理解する限定的な消費者または顧客に販売されるだけで十分だからである。

経路戦略について、ブランドが付与される以前、商品は小売業者の思惑に従って取り扱われていた。消費者は品質のよい商品を確実に購入するためには誠実な販売を行う小売業者を探す必要があった。小売業者が商品の品質保証を担っていた。指名購買は小売業者による詐欺的な行為を抑制する働きがあったという点は見逃せない。市場シェアの拡大を優先するマーケティングの主体は取引を求めてくる流通業者を広く受け入れる開放型流通チャネルによって、全国に商品を行き渡らせる。商品が至る所で消費者の目にとまることは自然とブランドの認知につながる。

それに対して、老舗の商品は流通業者を介する程の生産量はない。それ故、基本的には自らが直接販売する。商品に関するさまざまな情報を適切に消費者・顧客に伝えるため、流通業者にそれを代理させられないからでもある。

食品の事例から価格設定を理解しよう。一般消費者が容易に購入できるよう商品は低価格な設定がなされる。規模の経済を活かした原価の引き下げによる価格設定は中小製造企業の参入障壁を高める役割を果たす[5)]。それに対して、老舗の商品は製造原価に適切な利益を上乗せしたコストプラス法が採用される。競争関係を基準とした価格設定、特に、低価格設定はなされない。品質と価格が連動する老舗商品において、低価格設定は伝統や格式に傷を付けるからである。

第2節　ブランドの役割

ブランドそれ自体に価値はない。しかし、それが商品などに付与され、さまざまな活動を通した結果、その役割は表面化する。ブランドには次の9つの役

5)　齋藤典晃「ブランド管理」齋藤典晃・松井温文編著『最新マーケティング』五絃舎、2015年、27-32頁。

割がある。1つ目は製造元・出所の明記により責任所在が明確化する。ブランドが付与されていない場合、消費者は欠陥商品についての問い合わせ先が分からなくなる。

2つ目は同一ブランドが付与されていたならば、それらは均質であることを保証する。あるブランドが付与された商品の品質が不均一である場合、消費者はそのような商品に対して、冒険的な購買に迫られる。例えば、品質が過度に高い場合には高い満足度が得られる。しかし、その逆に品質が過度に低い場合には強い不満足につながる。このような商品を多数回購買することによって、満足と不満足それぞれに対する累積的絶対値が等しければ、すなわち、満足と不満足が打ち消し合った状態において、継続的な購買を期待することは困難である。品質のバラツキは直接低品質と認識されるからである。

3つ目は競合他社商品との差別化を図る役割がある。菓子製造企業であれば、グリコ、森永、明治などのブランドの付与によって、チョコレートであっても、明確に区別できる。競合他社だけではなく、自社商品間の差別化にもブランドは活用される。例えば、アパレル企業に付与されたブランドの傘の下には複数の個別ブランドが設定される。各ブランドのコンセプトは差別化が図られている。複数の異なるブランドを設定することによって、対象とする消費者を広く獲得しようとする。

4つ目は消費者の指名購買を促進し、ブランド・ロイヤルティを高める。新規顧客の獲得とその維持は安定的な収益を確保するために重要となる。指名購買はその基礎となる。同属にある商品を比較検討させるのではなく、特定ブランドであることが選択基準における絶対的な影響力をもつ。指名購買はあるブランドに対する高いロイヤルティの確保が必須となる。その出発点にブランドが位置付けられる。

5つ目は商標法によってブランドは社会的、経済的に保護され、独占的使用権が確保される。それはブランドの明確化の土台を保証する。ブランド力が非常に高い商品は模倣されることが多く、法的保護は企業だけでなく、消費者にとっても重要である。

６つ目はブランドが安全性を保証する。それは消費者に安心感や信頼感を与え、言葉以外のコミュニケーション・ツールとなる。例えば、生鮮食料品について、老舗百貨店と格安スーパーマーケットでの購買行動に大きな差を生じさせる。前者では消費者は基本的には品質を自らが確認する必要はない。もし、消費時点において、品質上の問題が確認されたならば、その旨を告げるだけで十分な対応を得られるからである。

７つ目はあるブランドが有するイメージを自己表現手段として消費者が活用する。例えば、それはブランドが有する高級感と消費者自身のステータス性を連動させる高級ブランド商品はその代表である。それが過度に進めば、「グッチャー」や「シャネラー」と呼ばれるようになる。

８つ目は指名購買の目印としてブランドが付与され、販売効率性が高まる。例えば、ビールが欲しいと消費者が思えば、キリンの「一番絞り」が即座に連想され、購買対象の有力候補に挙げられる。あるブランドが消費者に良好に受け入れられたならば、ブランド拡張も可能となる。消費者は、ブランドの付与によって、購買時の選択が容易になる。

９つ目はブランド力の強さそれ自体が資産価値を形成するため、売買の対象になる。例えば、赤字倒産に追い込まれた企業であっても、ブランドの価値は喪失しない場合もあり、そのブランドの権利を購入した他の会社によって、以前と変わりなく消費者に愛されることもある。[6)]

第３節　ブランド・エクイティとブランディング

前節で述べたブランドの資産的価値に対してアーカーはブランド・エクイティに注目した。それは「ブランドの名前やシンボルと結びついたブランド資産と負債の集合体であり、製品やサービスの価値を増大（あるいは減少）させるもの[7)]」であり、５つの要素から構成されているとされた。

6)　伊部泰弘、前掲書、27-28 頁。

7)　Aaker, D. A., *Managing Brand Equity: Capitalizing on Value of a Brand Name*, Free Press, 1991.

1つ目はブランド・ロイヤルティである。それは特定ブランドに対する顧客の忠誠度を示す。忠誠は執着や愛顧とも理解され、ブランド・ロイヤルティの程度が高ければ、顧客を安定して確保できるため、競合ブランドにスイッチされる可能性が低くなる。それは顧客との長期的関係を構築する基本である。

2つ目はブランド認知である。それは消費者が特定ブランドをどの程度知っているのかを表す。言い換えれば、それは消費者に広く知られている程度を示す。ブランド・ロイヤルティは顧客の精神面における特定ブランドに対する忠誠の程度を、ブランド認知は特定ブランドを知っている消費者の絶対数を示す。

3つ目は知覚品質である。これは客観的品質とは異なり、消費者による主観評価となる品質である。消費者の個人的な好みが品質評価に多大な影響を与える。ブランド・ロイヤルティの高い顧客にとって、当該ブランドに対する知覚品質は他の消費者よりも歴然と高くなる。それとは異なる例として、基本的に商品であったとしても、価格の高い方が品質は優れていると知覚される傾向がある。知覚品質は消費者の主観的評価であるため、不安定であり、同じ消費者であっても状況が異なれば評価が変動する。

4つ目はブランド連想である。これはあるブランドを見聞きした際に思い浮かべるイメージである。それによって結び付けられるもの全てが対象となり、それが強く、その対象が広く、好ましく、ユニークであれば、ブランドの評価は高くなる。

5つ目は所有権のあるブランド資産である。それは特許や商標によって、法的にブランドが自社固有のものと認められる。競合他社はそのブランドを使用できないため優位性を確保できる。流通チャネルにおける各流通企業の統制が図りやすくなる[8)]。

ブランド・エクイティを高めるコミュニケーション活動の視点から、ブランディングを説明する。今日市場には商品が膨大に溢れ、市場細分化戦略による

（陶山計介・中田善啓・尾崎久仁博・小林哲訳『ブランド・エクイティ戦略–競争優位を作り出す名前、シンボル、スローガン–』ダイヤモンド社、1994年、21頁）。

8)　同上、21-29頁。

消費者ニーズへの積極的な適用の有効性は低下するコモディティ化現象に陥っているため、ブランディングは必須となる。

最初に行う活動はブランド認知である。複数の商品が店頭にある場合、それら全てを購入し、品質を確認し、今後の購買を決定する消費者はいない。過去の経験を基礎として、ブランドを絞り込む。それゆえ、購買以前に自社ブランドを消費者に十分認知させようとする。消費者がある商品属性の中で最も強く印象付けられているトップ・オブ・マインドになるよう活動がなされる。認知を促すためには全国規模での力強い広告宣伝活動が必要となり、その活動以前に商品が全国に行き渡らなくてはならない。広告宣伝される商品が店頭において消費者の目に留まる必要がある。販売の実現が不確定であるにも関わらず、全国規模での広告活動と商品の流通を実施するだけの資本力がなくてはならず、巨大企業の優位性は明白である。例えば、資生堂の「TSUBAKI」は1年間で約50億円もの販売促進費用が投入された。SMAPによる「DEAR WOMAN」をテーマソングに、6名の女優を1つのテレビ広告に登場させ、ナレーションを少なくし、「美しい女性、美しい髪」というイメージを印象付けた。カラー見開き三十段広告による新聞広告では資生堂のシンボル華椿を背景に「日本の女性は、美しい」というイメージを発信した。それだけでなく、大量のサンプリング、屋外広告、イベント、店頭プロモーションによって、トップ・オブ・マインドの獲得を目指した。

次にブランド連想が重要となる。ライオンの「植物物語」は競合商品が香りや洗浄力を訴求力とするのに対して、「植物」をコンセプトに位置付けた差別化が図られた。成分の99%が植物原料であり、植物のイメージが天然の優しさ、安心感、大地の恵み、みずみずしい生命力など、連想が豊富となり、消費者の頭の中で商品と結び付く可能性が高くなる。テレビ広告において、このブランドの世界観に適合したタレントを起用し、原料や製法を消費者に正確に伝える努力がなされ、ブランドの一貫性を維持した。その結果、石鹸だけでなく、ヘアケア、スキンケア、女性用化粧品などへとブランド拡張がなされた。ブランド連想の質的な高さは商品を想起させる機会を多く創造するため、購買の可能性を高める。

最後にブランド・ロイヤルティが重要となる。これは行動面と心理面から構成され、バランス良く高めるようにする。行動面での向上は継続的購買、購買頻度の増加につながる。事例はおまけとして清涼飲料水のペットボトルの首に付けられたマスコットや携帯ストラップである。これは購入すれば入手できる総付景品と呼ばれる。これは購買意欲を高めるためのプロモーションであり、消費した後にも残るため、再購買を促進する。継続的購買の促進を目的として、応募シールを集めて景品を入手するクローズド懸賞がある。購買意欲向上には資本規模の大小に関係なく、接客サービスが最も強力な消費者との関係性構築手段となる。それは高価格商品に関わる接客サービスの方が重要となる。ブランド・ロイヤルティの強化は消費者の顧客への育成を意味する。ただし、このような活動は消費者の来店を前提とするため、ブログ、Facebook（フェイスブック）、Twitter（ツイッター）など、幅広いSNS（Social Networking Service）の活用は有効である。

近年では統合的ブランド・コミュニケーション（IBC：Integrated Brand Communication）が注目される。諸活動の統合はマーケティングの基本的姿勢と一致する。ネスレの商品「キットカット」がこの最適な事例である。自社コンセプト“KitKat Break”を商品と結び付け、「ストレスから解放される瞬間」と位置付けた。受験生を応援するブランドとしての地位を獲得した「キットカットできっと願いがかなう」キャンペーンが特筆される。試験会場付近に宿泊する受験生がチェックアウトする際、「受験頑張って下さい」の一言を添えて、サクラ満開のポストカードとキットカットを手渡しする企画は効果的であった。また、列車や駅構内において、キットカットのパッケージを活用して、サクラを満開にしたり、「サクラサクトレイン」を走らせもした。マス媒体は活用せず、話題性の高い活動の統合的展開により、自然な形で消費者の心にメッセージが届くよう工夫された。キットカットが単なるチョコレート菓子の枠組みを超えて、「願いがかなう商品」というイメージを消費者に植え付けた。[9)]

9）稲田賢次「販売促進戦略−ブランド・コミュニケーション−」伊部泰弘・今光俊介・松井温文編著『現代のマーケティングと商業』五絃舎、2012年、99-110頁。

第4節　地域ブランドと地域ブランディング

地域の活性化にかかわって、行政の立場から、地域の観光資源の有効活用だけでなく、新たな資源の開発としての「まちづくり」「まちづかい」が注目される。企業の立場から、地域資源を活用した商品開発による差別的優位性の獲得が注目される。地域住民は活性化が生活面だけでなく精神面での豊かさにつながるため関心が強い。

地域マーケティングはそれらを達成する手段であり、地域特性を考慮した上で、ターゲット市場を細分化し、歴史や風土を背景とする価値観に合わせて諸活動が展開される。その出発点であり到達点でもある地域ブランドは「地域資源を利用した地域発のブランドを利用し、①買いたい（特産品）、②行きたい（観光）、③交流したい（産業・商業）、④住みたい（暮らし）を実現しうる地域の有形・無形の資産を人々に有用な価値へと結びつけ、それにより地域活性化を図ることであり、競合する地域の差別化を意図した名称、言葉、シンボル、デザインあるいはそれらの組み合わせ[10)]」である。

地域ブランディング構築の手順は基本的には一般的なブランドと同じである。その基礎となる地域資源とブランディングとの関係をみておこう。地域にある有形無形の資源を活用して、商品やサービスを作り上げることは効率的効果的である。夕張メロン、魚沼産コシヒカリ、京野菜などの農産物や、関さば、下関のフグ、ノドグロなどの水産物だけでなく、名勝、歴史的遺産なども素材となる。知名度のある素材はそれ自体に競争力があり、地域ブランドの拡散にもつながる。それとは異なる方法として、地域そのもののブランド化も重要である。京都は歴史のあるまち、大阪は食のまち、東京は賑わいのまちという認識を消費者に抱かせることが重要となる。後者のブランディングの主体は基本

10）伊部泰弘「地域ブランド戦略に関する一考察–地域団体商標制度を中心とした事例研究–」『新潟経営大学紀要』第16号、2010年、68頁。

的には公的機関が担う[11]。

11）伊部泰弘「地域マーケティング–地域活性化に地域ブランドが果たす役割–」伊部泰弘・今光俊介・松井温文編著『現代のマーケティングと商業』五絃舎、2012 年、125-134 頁。

第2章　老舗ブランド

第1節　老舗とは何か

老舗とは、どのような企業を指すのであろうか。おそらく読者のイメージは、「由緒ある」「古い」「伝統」「格式」「歴史ある」等であろうか。このように、老舗といっても多種多様なとらえ方があり、一様ではない。また、老舗という言葉はどの程度の年月を示すのか、さらにどのような業種や業界でも言えることなのかといったことも明確に定まってはいない。私たち庶民の感覚では、「長い間」や「当該業界を最初に創った企業」など曖昧にとらえられることが多い。また、守屋によると「老舗企業（以下、老舗と略す）は、経営の成功として肯定的に評価されることがしばしばである。老舗は、通常、単に創業以来の長い歴史を有しているだけではなく「のれん」を有している企業としてとらえられる」としている[1)]。つまり、企業は、老舗と呼ばれることによって事業に成功しているととらえられる。また、老舗は、「のれん」と密接な関係もある。「のれん」とは、物理的には、企業や店舗の入り口にかけられた布製のもののことである。特に、「のれん」には、屋号や家訓といったその企業や店舗の象徴を表したものが描かれている。また、のれんの役割には、企業や店舗が営業していることを知らせたり、入口から中が見えないようにし、中にいる顧客への配慮がなされるものとしても利用されている[2)]。

また、「のれん」には、物理的意味合い以外にも「のれん代」という無形資

---

1)　守屋晴雄「老舗における経営革新についての一考察：呉竹の商品に着目して」『龍谷大学経営学論集』第53巻 第1号、2013年9月、50頁。

2)　前川洋一郎・末包厚喜編著『老舗学の教科書』同友館、2011年、47頁。

産としての金銭的価値がある。のれん代とは、企業が買収される場合、買収される側の時価純資産額から買収価額を差し引いた残額のことである。また、その金を「ブランド価値資産」として表現することもある。

老舗は、また、長い間歴史を有していることからもわかるとおり、歴史と伝統が老舗である所以でもある。その歴史と伝統の中においても、それに甘んじる事なく常にイノベーション（変革）を起こし続ける事が必要であり、伝統と革新が老舗には不可欠であるといえる。

第2節　ブランドの基礎的理解

1. ブランドとブランディング

ブランドは、品種、等級、銘柄、商標などと訳される。品種であれば、「コシヒカリ」「あきたこまち」など米の品種を、等級であれば、A5ランク、A4ランクなどといった「牛肉」の等級を、銘柄であれば「越乃寒梅」「久保田」といった日本酒の銘柄を指す。また、商標とは、商品やサービスを表すマーク（標章）であり、特許庁に登録されると、そのマークを独占的に使用する権利を有し、商標法で保護されるものである。このようにブランドは、さまざまな用語で置き換えられ、それぞれ違う意味を包含した概念である。

また、ブランドとは、AMA（アメリカ・マーケティング協会）の定義によると「ある売り手の商品やサービスを他の売り手のそれらと区別して見分けるためのネーム、言葉、デザイン、シンボル、あるいは、その他の特徴」[3]（筆者訳）ととらえられる。つまり、ブランドは、自社の商品・サービスと競合他社のそれらを区別するために消費者の五感（視覚、聴覚、触覚、味覚、嗅覚）でとらえられるようにネーム、言葉、デザイン、シンボル、あるいはその他の特徴（それらをブランド要素ともいう）に置き換えられ表現されているといえる。

また、そのブランドが、ブランド要素を利用して、消費者に「価値あるブラ

3） Dictionary-America Marketing Assoc., https://www.ama.org/resources/Pages/Dictionary.aspx?dLetter=B&dLetter=B（2014年3月23日アクセス）。

ンド」として認識してもらい、ブランド・ロイヤルティ（ブランド忠誠心）の向上を目指すすべての活動を「ブランディング」という。そのブランディングについて、ケラーは「ブランディングにとっての鍵は、ある製品カテゴリー内で消費者が知覚するブランド間の差異である。[4]」と述べている。つまり、ブランディングは、ブランド間の違いを明確に消費者に知覚させる活動である。

2.　ブランドの役割

ブランドは、付与されることによりどんな役割があるのだろうか。筆者は、9 つの視点からとらえる。[5]

第 1 は、出所が明らかになる事による責任所在の明確化である。これは、ブランドを付ける事で誰が当該ブランドの責任を負うのかが明確になる。逆にいえば、ブランドが付されていなければ、責任の所在が明らかにならないため、責任所在の明確化はブランドにとって大きな役割を果たすことになる。

第 2 は、同じブランドが付されていれば、付されたブランドすべてが同じ品質を保証する役割がある。サントリーの緑茶飲料である「伊右衛門」を例にあげると、サントリーは「伊右衛門」と付された商品すべてが同じ品質である事を保証しており、品質保証の観点からもブランドが重要な役割を果たす。昨今、食品偽装や賞味期限の偽装問題が取り沙汰されているが、それらは、ブランドの役割から考えても、起こしてはいけない事であり、そのような問題が起きればブランドの信用は一気に失墜してしまう。

第 3 は、同一製品カテゴリーにおける競合他社との製品差別化を容易に出来る役割がある。先程の例で言うならば、サントリーの「伊右衛門」は、伊藤園の「おーいお茶」とは明確に差別化された「緑茶飲料」であり、消費者は、「伊右衛門」を「伊右衛門」と認識しており、決して、「伊右衛門」を「おーいお茶」

4)　K. L. ケラー著、恩蔵直人・亀井昭宏訳『戦略的ブランド・マネジメント』東急エージェンシー、2000 年、47 頁。

5)　拙稿「ブランディング」宮澤永光・城田吉孝・江尻行男編著『現代マーケティング その基礎と展開』ナカニシヤ出版、2009 年、134 頁。

と認識することはない。

第４は、消費者にブランドを指名買いしてもらいことによるブランド・ロイヤルティを確保できる役割がある。企業は、収益を確保するためには、新規に顧客を獲得するか、指名買いをしてもらい、当該ブランドを買い続けてもらう顧客を確保する以外にない。つまり、ブランドが付されることにより、顧客に当該ブランドのファンになってもらい、愛顧を引き出すことが可能となる。

第５は、ブランドは、先述のとおり、商標法で保護される役割がある。例えば、日清の「ラ王」というブランドは、日清が独占的に使用できる権利があり、商標法で保護されている。

第６は、企業はブランドを通じて消費者に当該ブランドの「安全性」を伝えると共に消費者は、ブランドを通じて「安心感」や「信頼感」を得られるというようにブランドが媒介となり、企業と消費者を繋ぐコミュニケーション・ツールとしての役割がある。また、ブランドは、企業と消費者との約束や絆の象徴であるともいえる。

第７は、ブランドは、消費者にとって当該ブランドがもつイメージと自己表現とを結び付ける意味付けとしての役割がある。具体的には、グッチやシャネルなどの高級ブランド（ラグジュアリー・ブランド）を身に付けることによって、ブランドがもつ「高級感」と消費者自身に「高級感」や「価値の高い人間」というイメージとを結び付けることができる。つまり、ステイタスとしての役割があり、「グッチャー」や「シャネラー」に代表される現象からも見て取れる。また、ブランドは、消費者を当該ブランドがもつ「世界観」に共感させることが可能であり、「ファン」や「フリーク」を形成しやすくする効果がある。

第８は、ブランドが付与されていることで、消費者にとって先述した「指名買い」が出来るため、他のブランドを選ぶためのコストを節約できる、つまり、購買選択時の時間的コストを削減できるといった役割がある。つまり、ビールでいえば、好みが「一番搾り」であれば、ビールのカテゴリーの中で「一番搾り」だけを選択すればよく、「スーパードライ」や他のビールを選択肢から除外できるため、選択するための時間的コストの削減が可能となる。

最後は、資産評価としての役割がある。ブランドには、資産価値があり、その価値は、金額として表すことが可能である。そのため、ブランドは、売買の対象となりうる。例えば、インターブランド社が行った“JAPAN'S BEST GLOBAL BRANDS 2014”によると、日本企業で最もブランド価値の高いブランドは、「トヨタ」であり、そのブランド価値は、35,346百万ドル（前年比17%増）であるとしている[6)]。つまり、トヨタは、トヨタというブランドを所有しているだけで35,346百万ドルの価値があるといえる。

3.　老舗ブランドの特質

先述したブランドとブランディングの意味やブランドの役割を踏まえ、老舗ブランドについて考えてみたい。老舗ブランドとは、単純に考えれば、「老舗であるブランド」あるいは「老舗にふさわしいブランド」ということになろう。

では、「老舗であるブランド」や「老舗にふさわしいブランド」とはどのような特質のあるブランドいえるのであろうか。次の2点から考えてみたい。

まず、老舗ブランドは、老舗が指し示す通り、「歴史がある」あるいは「伝統がある」ブランドであることが特質として挙げられる。つまり、誕生して間もなかったり、伝統のないブランドは、老舗ブランドとはいえない。

次に、老舗は、先述のとおり、のれんという意味合いをもつ。特に、ここでは、のれんの物理的側面よりも、無形資産としての金銭的資産に注目したい。ブランドには、資産評価の役割があることは、先述したが、老舗そのものにも、ブランドと同様の資産価値が存在する。つまり、老舗という言葉のなかには、資産価値が高いといった意味合いも含まれている。

したがって、本章において、老舗ブランドとは、「歴史や伝統があり、資産価値が高いブランド」ととらえることにする。そこで次節以降、京都の老舗ブランドとして「宝酒造」を取り上げ、特に、清酒「松竹梅」のブランド戦略か

---

6)　Interbrand Best Japan Brands 2014 Global Brands, http://www.interbrand.com/ja/best-global-brands/region-country/2014/best-japan-brands/best-japan-brands-2014-global-rankings.aspx（2014年4月20日アクセス）。

ら「老舗ブランド」であり続ける方法について考えてみたい。

第３節　老舗ブランドのケース・スタディ —宝酒造のブランド戦略—

1. 宝酒造の概要 —「焼酎」と「清酒」を中心に—

宝酒造の起源は、江戸時代の後期である、1842年、四方(よも)家四代目の卯之助が、京都・伏見で酒造業を興し、清酒等の製造を開始した時とされている。その後、清酒の製造の中断があったものの、1864年頃、五代目卯之助によって酒粕を原料とする「粕取焼酎」の製造が開始されたと推定されている。特に、個人商店であった宝酒造が「焼酎メーカー」へと飛躍したきっかけは、1905年に四方合名会社を設立し、翌年社長に就任した四方卯三郎が、1912年に「新式焼酎」[7]の関東での販売権を獲得し、「寶」の名で販売した事にある。その後、大宮庫吉を招聘し、1916年10月に「新式焼酎」である「寶焼酎」の自社製造・販売を行い、大正から昭和初期の激動期において当ブランドを中心に生き抜いていくことになる。また、1925年に寶酒造株式会社を設立し、初代社長には、四方卯三郎が就任した。太平洋戦争後、焼酎が全酒類のなかで最も消費されたにもかかわらず、粗悪な密造酒によってそのイメージは低下していくことになる。このイメージ回復のため、「タカラエース」「チューロック」「レッドタカラ」などの新製品開発によって試行錯誤を繰り返し、1977年に宝焼酎「純」にたどり着くこととなった。世界的潮流の「白色革命(ホワイトレボリューション)」の流れに乗り、「純」は宝酒造を代表する焼酎ブランドとなるとともに、日本の焼酎市場をけん引した。その後、(旧)甲類市場に、宝焼酎「レジェンド」(1989年)、焼酎「ZIPANG」(2001年)、長期貯蔵焼酎「秘密の扉」(2005年)と次々に新製品を誕生させた。また、(旧)乙類市場にも米焼酎「よかいち」(1994

---

7)　新式焼酎とは、芋を原料としたアルコールに加水し、粕取焼酎をブレンドした焼酎である。愛媛県宇和島の日本酒精㈱が開発した焼酎であり、当時は「ハイカラ焼酎」とも呼ばれ、(旧)甲類焼酎の原型となっている。宝ホールディングス株式会社環境広報部編『宝ホールディングス80周年記念誌』宝ホールディングス株式会社、2006年、12頁。

年）をはじめ、芋焼酎「一刻者」（2001 年）、しそ焼酎「若紫ノ君」（2004 年）など新ブランドを立ち上げ、日本を代表する「焼酎メーカー」へと飛躍した。[8)]

一方、清酒分野については、大きく飛躍するきっかけは、灘の銘酒であった清酒「松竹梅」の製造・販売を手掛ける事になったことからであった。もともと「松竹梅」は、灘の酒造家、井上信次郎が醸造しており、昭和初期に２ℓで５円もする高級酒であった。ところが、井上家の経営不振により、大宮庫吉に救済を求め、1933 年寶酒造㈱は、松竹梅酒造㈱を設立して、経営に参画することになる。その際、濃厚な酒質の見直しや壜（ビン）詰め以外にも樽詰め、壷詰めなど容器の変更、販売方法の見直しを行った。なかでも東京・大阪をはじめ全国主要都市数十か所に酒場「松竹梅の酒蔵」を開設し、一杯 45 銭で「松竹梅」を味わえるようにするなど値段の手軽さと雰囲気の良さが功を奏し、サラリーマン憧れの店となった。やがて、日本が戦時下になると、国内での清酒造りが困難になり、清酒の生産を中断し、アルコールの製造に転じた。戦後、松竹梅酒造は、独占禁止法により、寶酒造系列から独立したが、「松竹梅」の商標は寶酒造が取得し、生産を再開した。1961 年には、「松竹梅」は、清酒ブランドとして一本化し、清酒製造所も 1964 年には９か所に拡大した。さらに、1957 年から進めてきたビール事業（「タカラビール」）からの撤退（1967 年）を機に、清酒事業の拡大を図り、「松竹梅」の製造・販売は大きく飛躍していった。宝酒造は、焼酎と清酒を中心事業に据え、ソフトアルコール飲料事業「タカラ can チューハイ」（1984 年以降、シリーズ化）、調味料事業「タカラ本みりん」、飲料・機能性食品事業「TaKaRa バービカン」（1986 年、ノンアルコール飲料）、「カルシウムパーラー」（1991 年）、酒精（エチルアルコール）事業、バイオ事業（2002 年分社化によりタカラバイオ株式会社へ）といった形で多角化やマルチ・ブランド化を押し進めている。また、海外へのグローバル展開も積極的に推進しており、アメリカや中国などに現地法人を設立し、生産と販売拠点の拡大を図っている。また、2002 年には、会社分割により純粋持ち株会社へ移行し、「宝ホールディ

8）　同上書、10-23 頁。

ングス株式会社」へ改称するとともに新たに、「宝酒造株式会社」が設立している。[9]

宝ホールディングスの連結業績は、2013年3月期において、売上高200,989百万円（前年比+1.2%）、営業利益9,133百万円（前年比−1.4%）、経常利益9,296百万円（前年比−3.3%）、当期純利益4,687百万円（前年比+17.3%）となっている。また、宝酒造グループにおける主要事業である焼酎の売上高は、70,499百万円（前年比−4.0%）、清酒は21,737百万円（前年比+3.7%）となっており、焼酎事業の落ち込みを清酒事業で補っていることが窺える。[10]

2. チャレンジャー企業としての「松竹梅」のブランド戦略

日本酒の銘柄別出荷量とシェアについてみてみると、2010年においては、宝酒造の「松竹梅」は、45,819klでシェア7.8%であった。これは、白鶴酒造の「白鶴」（59,710kl、10.1%）、月桂冠の「月桂冠」（50,329kl、8.5%）についで第3位に位置していた。[11] つまり、宝酒造は、日本酒のカテゴリーでは、リーダー企業ではなく、「三番手」というチャレンジャー企業であった。しかし、2012年において、日本国内出荷量ではあるが、宝酒造は、昨年比6%増の48,830klとなり、月桂冠は42,800kl程度と初めて月桂冠を上回り、白鶴酒造に次いで2位となった。国内出荷量増加の背景には、「松竹梅」ブランドの業務用やパウチパック入りの商品が好調だった[12] こともあるが、①市場の均質化による地方の日本酒銘柄（ローカル・ブランド）の弱体化、②提案力の向上、③コスト競争

9）同上書、24-28頁、36-37頁、44-45頁、52-53頁、60-61頁、66-67頁、129頁。
10）宝ホールディンス株式会社 平成25年3月期決算短信 http://ir.takara.co.jp/ja/Library_index/BriefAnnouncement/BriefAnnouncementPar/07/TwoDownPar/02/document_1/1303_4Q_tanshin.pdf（2014年3月30日アクセス）による。
11）日刊経済通信社調査出版部『酒類食品産業の生産・販売シェア−需給の動向と価格変動−（2011年度版）』日刊経済通信社、88頁。
12）記事「宝酒造、月桂冠を超え、2位 12年の日本酒国内出荷量」日本経済新聞電子版2013年1月24日、http://www.nikkei.com/article/DGXNASDD240J0_U3A120C1TJ1000/（2014年2月27日アクセス）。

写真 2-1　松竹梅ラインナップ

（左から、松竹梅白壁蔵 澪、松竹梅 天 パウチパック・紙パック、上撰松竹梅）

出所：筆者撮影（2014 年 3 月 26 日本社にて）。

力の強化の 3 点が大きく影響している。[13]

また、「松竹梅」のブランド戦略の特徴として、「慶祝市場」の特化と「松竹梅」ブランドの拡張（サブブランド展開）の 2 点から考えてみる。

まず、「慶祝市場」の特化では、業務用や家庭用で多くのシェアを取っていた「白鶴」や「月桂冠」との差別化が必要であったことが一因となっている。「松竹梅」ブランドは、戦前から酒銘の縁起の良さと高級イメージから高級酒として定着しており、めでたい席で重宝されてきたという実績から「慶祝市場」に特化したブランド戦略を推進した。つまり、マーケット・セグメンテーション（市場細分化）戦略によって業務用や家庭用を捨て、慶祝などの贈答市場に特化することで需要創造を図る戦略が採られたのである。この作戦は「CHARM（チャーム）作戦」[14]と呼ばれた。また、「CHARM 作戦」により開発されたのが、

13）筆者が、2014 年 3 月 26 日に、宝酒造株式会社本社にて、同社環境広報部広報課専門課長山田和宏様に行ったインタビューによる。

14）CHARM とは、Celebration：祝事、Happiness：幸福、Auspiciousness：めでたさ、Rejoice：よろこび、Merriment：陽気の頭文字を取ったものである。宝ホールディン

行楽市場をターゲットとした「松竹梅＜たけ＞」であった。当時、行楽など外出時に飲まれる「カップ酒」は、1964年に発売された「ワンカップ大関」が主流であったが、ガラス容器の為、重く、割れる危険性もあった。そこで、清酒プロジェクトチームは、「軽くて割れない」を目標に、開発に1年以上も掛け、1968年9月に「松竹梅＜たけ＞」を発売した。デザインには商品名どおり「竹型」を使用し、「心はずむ行楽の友に」をキャッチフレーズしたことも需要喚起に貢献し、1969年の日本パッケージコンテストで包装アイデア賞を受賞するなどヒット商品になった。また、慶びの清酒「松竹梅」の広告戦略も他社との差別化を図った。当時、清酒の広告は、和服の似合う女性を起用していたが、これまでのイメージを一新するため、男性タレントを起用した。それが、当時国民的スターであった「石原裕次郎」のCM起用であった。「裕次郎効果」は、CMに起用された1970年から1987年の間に「松竹梅」のシェアは、10位から6位に上昇するなど絶大なものとなり、裕次郎が「松竹梅の顔」となり、「CHARM作戦」を進化させた「慶祝（よろこび）路線」が欠かせないものとなった。[15]

次に、「松竹梅」ブランドの拡張（サブブランド展開）では、多様化する市場への対応として、高品質な日本酒造りとソフトパックの新規市場への展開を果たしていくことになる。前者は、2001年に松竹梅灘工場を「松竹梅白壁蔵」とリニューアルすることで対応した。2002年に最初の商品「松竹梅白壁蔵＜純米大吟醸＞アンティークボトル」を発売した。[16] また、2011年に日本酒離れに歯止めを掛け、若者や女性に気軽に日本酒を楽しんでもらう目的で「松竹梅白壁蔵 澪」という新たなお酒を発売した。このお酒は、スパークリング清酒という発泡性のお酒であり、ほどよい酸味とほんのり甘い味わいの新感覚の日本酒であり、アルコール度数も5%と低アルコール化の流れの中で開発されたお酒である。また、“澪[17]”というネーミングも新感覚さを裏付ける要素となっ

グス株式会社環境広報部編、前掲書、31頁。

15）同上書、30-31頁。

16）同上書、32頁。

17）「澪」には、「浅瀬の水の流れ」や「船の通ったあとにできる泡の跡」という意味が

ている。[18] 後者は、晩酌ユーザーへの対応として、「コクとキレ」のある日本酒を低価格で販売するために、コクのあるコハク酸を多く含む酵母とキレ味の良い「蔵付き半兵衛酵母」を合わせた「二段酵母仕込」という新たな製法で作られた「松竹梅 天」を発売した。また、容器も紙パックだけでなく、パウチパックを導入し、収納の効率化やゴミ減量を考えたパッケージ戦略を行っている。[19]

つまり、「松竹梅」のブランド戦略は、「松竹梅」というマスター（親）ブランドのブランド資産を活かし、「澪」や「天」といったサブ（子）ブランド形成を行う事で、ブランド拡張を行い、多様化する消費者ニーズに対応している。

3.　宝酒造の新たな取り組み・課題

宝酒造の新たな取り組みとしては、新製品開発や飲酒シーンの提案による新付加価値創りがある。宝酒造では、清酒の需要の拡大や酒質の向上によって「食中酒」（料理を食べながら飲む酒）としての清酒と製法にこだわりをもつ特定名称酒としての清酒に注目し、江戸時代から受け継がれた伝統製法である「生酛（きもと）造り」の「松竹梅「白壁蔵」＜生酛純米＞」を2008年に発売している。[20] これによって、お酒単品での販売ではなく、さまざまな「料理に合うお酒」の提案を行い、新たな価値創造を構築している。さらに、先述した新感覚のスパークリング清酒である「松竹梅白壁蔵 澪」などの新製品開発も新たな清酒需要を開拓している。

また、宝酒造の課題としては、清酒に関しては、慶祝市場から業務市場や晩

あり、「浅さ」を低アルコール、泡の跡を発泡性に例えている。また、イタリア語で“MIO”は、「私の」を意味しており、清酒にあまり馴染みのない人にも「私のお酒」として楽しんでもらいたいという願いが込められている。ニュースリリース「松竹梅白壁蔵「澪」スパークリング清酒新発売」2011年6月7日、http://www.takarashuzo.co.jp/news/2011/11-i-001.htm（2014年4月6日アクセス）。

18）同上記事による。

19）宝ホールディングス株式会社環境広報部編、前掲書、33頁。前掲インタビューによる。

20）記事「メーカーの価値創造によるブランディング戦略実践スタディ 宝酒造の「松竹梅『白壁蔵』」」『価値創造者』（Vol.282）2008年11月、オフィス2020新社、131頁。

酎市場への進出に際して、小売店・量販店といった既存のチャネル以外に、インターネット通販の拡大や宅配といったサービスを展開できるような新たなチャネルの構築が課題となってくるであろう。焼酎についても同様に新チャネルの開拓や既存の「チュウハイ」市場の深堀りなど飲酒シーンの新たな提案といった飲料メーカーとしてのさらなる付加価値の創造が課題となろう[21)]。

第4節　まとめ —老舗ブランドであり続けるには—

老舗ブランドは、先述のとおり「歴史や伝統があり、資産価値が高いブランド」であるため、ブランド価値を如何に維持し続けるかが課題となる。宝酒造では、清酒、焼酎、料理酒、機能飲料、ソフトドリンクなど飲料メーカーとして多角化していくなかで、老舗ブランドとしての確固たる地位を築いてきた。

そこには、歴史・伝統に甘んじることなく、常にイノベーション(変革)が求められる。つまり、老舗ブランドであり続けるには、変化対応はもちろんのこと、変化を作りだす事も必要である。また、宝酒造では、清酒でいえば、「松竹梅」という歴史と伝統のあるブランドを守るために、常に時代の変化に対応し、慶祝市場に特化させ差別化していくことはもとより、これまでの日本酒の常識にとらわれない「スパークリング清酒」といった新たな日本酒に挑戦しており、それは、変化を生み出しているといっても良いのではないか。

つまり、老舗ブランドには、「歴史・伝統」と「イノベーション(変革)」が必要であり、そのどちらが欠けても「老舗ブランド」にはなれないだろう。

謝　辞

本章執筆に際し、宝酒造株式会社環境広報部広報課専門課長山田和宏様に大変貴重なお話を伺った。ここに改めてお礼申し上げる次第である。

21）前掲インタビューによる。

第3章　製品戦略

—パッケージング—

第1節　製品の分類

製品（サービスを含む）は、企業の経営戦略およびマーケティング戦略の根幹をなすものであり、それなくして収益を上げることなど不可能である。また、製品の分類については、さまざまな捉え方がある。本節では、製品に関するいくつかの分類をみていく。

1．形あるものとないものによる分類

製品は、財という概念によって説明できる。それには、空気や日光などの自然環境に存在し、貨幣との交換価値のない自由財と清涼飲料水や地デジ対応液晶テレビなど貨幣との交換価値を有する経済財がある。具体的に経済財は、次の2つの形態に分類できる。

（1）有形財（Tangible Goods）

これは、物理的に目にみえる経済財である。また、有形財は、耐久財と非耐久財に分けられる。耐久財とは､長期間の利用や保存に耐えうる有形財である。具体的には、冷蔵庫や洗濯機、衣料品などが該当する。耐久財は、高額製品で粗利益が高く、購買頻度が低いため、人的販売やサービスが強く求められる。一方、非耐久財は、飲食料品や日用雑貨品など1回から数回の利用で消費あるいは消耗される有形財である。そのため、購買頻度が高くなり、低価格・低粗利益であるため、購買機会の拡大や再購買を促すプロモーション活動が必要となる。

(2) 無形財 (Intangible Goods)

これは､サービスなど形がないため目にみえない経済財である。具体的には、宅配便サービスや法律相談などが挙げられる。またその特徴としては、次の4つがある。[1)]

①無形性・・・形がなく目にみえない存在であるため、人やシンボルや価格で判断

②不可分性・・予め製品を生産したり、貯蔵できないため、場所と時間において生産と消費が同時

③変動性・・・人的行為が製品となるため、品質が不均等

④消滅性・・・生産と消費が同時のため、継続的に使用できず、在庫が不可能

2. 最終的な利用者による分類

最終的な利用者によって製品を分類した場合、一般的には生産財と消費財に分類できる。

(1) 生産財 (Production Goods)

これは、完成品を生産するために必要な材料、部品、機械設備や事務所で購入される事務機器や備品である。つまり、企業が生産のためや仕事のために必要なすべての製品が生産財である。また、生産財は完成品の素材や機能、耐久性に購買が依存しており、B to B (企業対企業間取引) において取り扱われる製品である。

(2) 消費財 (Consumer Goods)

これは、最終消費者によって購買される製品･サービスである。具体的には、飲食料品、日用品、家電、宝飾品など消費者が直接購入し使用あるいは消費するものである。また、消費者の趣味や嗜好によって購買決定される製品・サービスでもある。生産財がB to Bであるのに対して、消費財は企業から消費者

---

1) P. Kotler & K. L. Keller, *Marketing Management, 12th ed.*, Prentice-Hall, Pearson Education, Inc, 2006. (恩蔵直人監修・月谷真紀訳『コトラー & ケラーのマーケティング・マネジメント 第12版』ピアソン・エデュケーション、2008年、501-505頁)。

へのB to C（企業対消費者間取引）において取り扱われる製品である。

3. 消費者の購買慣習による分類

消費者の購買慣習による分類方法については、コープランドによる最寄品、買回品、専門品という分類方法がある。なお、コトラー＆ケラーでは、その3つの分類以外に非探索品を加えているため、それについても触れておく。

(1) 最寄品 (Convenience Goods)

消費者が、頻繁に、迅速に、最小の購買努力で購入する商品である。"Convenience Goods" と示されているように、コンビニエンス・ストアで購入されるような商品を示している。具体的には、タバコや飲料品、弁当のような消費者が定期的に購入する必需品（恒常商品ともいう）、ガムや雑誌など購買計画を立てずに最小の購買努力で購入しようとする衝動品、傘や絆創膏（ばんそうこう）など緊急に必要となる場合に購入される緊急品に分類される。これらの商品は、「便利品」であるため、消費者の利便性に配慮して多くの小売店舗で扱われている。

(2) 買回品 (Shopping Goods)

消費者が、商品を選択し購入する段階において、適合性、品質、価格、スタイルなどにもとづき、複数の商品を比較・検討し、また複数の店舗をめぐるための時間や労力を惜しまない商品である。具体的には、家電製品、家具、服飾品などが該当する。"Shopping Goods" と示されているように、買回ることを楽しみながら購買する商品を指している。具体的には、品質は変わらないが比較検討するに値する価格差がある「同質的買回品」、品質やサービスに特徴があり、価格よりもそちらが購入の決め手になる「異質的買回品」に分類できる。特に、「異質的買回品」は、製品の質的差別化や販売員のサービスを含む人的販売が重要となる。

(3) 専門品 (Specialty Goods)

消費者が、当該商品に特別な魅力やロイヤルティ（忠誠心）を感じたり、商品そのものが独自の特性を有していたり、ブランドを確立しているため、複数の買い手が特別な努力をいとわない商品である。具体的には、ラグジュアリーブランド(高級ブランド)のシャネル、ルイ・ヴィトン、ベルサーチなどの服飾品が該当する。この商品は、最寄品や買回品よりも購買頻度は低いが、ブランド・ロイヤルティ(ブランド忠誠心)が高いため、それを維持するための消費者とのコミュニケーション活動が必要となる。[2)]

(4) 非探索品 (Non-Search Goods)

消費者が、当該商品について知らなかったり、通常買おうと思わない商品である。具体的には、生命保険や百科事典が該当する。当該商品は、消費者にあまり詳しく知られていないため、広告や人的販売などのコミュニケーション活動が重要となる。[3)]

第2節　製品差別化戦略

供給過多の時代において、代替品が多数存在する製品カテゴリー(具体的には、ペットボトル入り茶系飲料やカップラーメンなど)では、他社の製品より自社の製品の特徴を明確にし、消費者の購買を刺激する必要がある。それが製品差別化戦略である。消費者の記憶に残るブランドは、各カテゴリーにおいて3～5ブランドをあげており、消費者の記憶に残らない製品は売れない。

製品差別化(Product Differentiation)とは、米谷雅之によると、自社の製品を他社の製品から識別させる活動であり、そのための製品差異の創出活動である。また、製品差別化に与えられる中心的課業は、些細な製品改良、装飾や設備の精巧さ、新奇で便利な包装、製品の雰囲気、消費者へのサービスや便益などに改良を施すことで自社の製品を差別化させ、製品の出自を明確にするとともにそれに、パテント性をもたせるためにトレードマークやブランドを付与し、消費者の選好をより強固なものにするとしている。[4)]

2) M. T. Copeland, "Relation of Consumers' Buying Habits to Marketing Methods", *Harvard Business Review*, Vol.1 April, 1923, pp.282-289.

3) Kotler & Keller、前掲訳書、462-463 頁。

4) 米谷雅之『現代製品戦略論』千倉書房、2001 年、90-91 頁。

製品差別化は、同業他社に向けて製品の特徴すなわち優位性を明らかにし、当該製品の市場シェアを高めていくための競争戦略である。すなわち製品差別化戦略は、品質、ブランド、パッケージ、デザイン、プレミアムなどによって付加価値創造を行う活動である。

そこで、供給過多による代替品の氾濫で差別化が難しくなってきている昨今において、競争戦略上必要不可欠な製品差別化による製品戦略のうちパッケージングによる付加価値創造について考えてみたい。

第３節　製品戦略のケース ―パッケージングによる付加価値創造―

1. パッケージとパッケージング

パッケージとは、アメリカマーケティング協会によると、「製品を保護し、プロモートし、輸送し、識別するために用いられる容器のこと[5)]」と規定している。また、パッケージには、個装としての１次パッケージ、厚紙の箱などに入れて販売される２次パッケージ､輸送用としての３次パッケージの区分があり、1・2次パッケージ機能を利用して如何に当該ブランドをプロモーションできるかが重要となる。

パッケージングとは、徳山美津恵によると、「製品の容器あるいは包装をデザインし、制作する活動[6)]」とされている。また、パッケージには、ケラーによると、次の５つの役割がある[7)]。

①ブランドの識別

②記述的および説得的情報の伝達

③製品輸送および保護の支援

---

5)　P. D. Bennett, *Dictionary of Marketing Terms*, *2nd ed.*, TC Business Books, 1995, p.211.

6)　徳山美津恵「ブランド要素としてのパッケージングに関する一考察－ブランド価値を創りだすパッケージとその戦略－」『オイコノミカ』第40巻 第3･4号、2004年、62頁。

7)　K. L. Keller, *Strategic Brand Management: Building, Measuring, and Managing Brand Equity*, Prentice-Hall, Pearson Education, Inc, 1998.（恩蔵直人・亀井昭宏訳『戦略的ブランド・マネジメント』東急エージェンシー、2000年、204頁）。

④家庭内保管の容易化

⑤製品消費の簡便化

特に、②記述的および説得的情報の伝達すなわち「ブランド情報の構築と伝達」機能が付加価値創造において重要となる。つまり、パッケージによりブランドがもつ情報を付加することにより“価値付け”が行われる。

また、③製品輸送および保護の支援、④家庭内保管の容易化、⑤製品消費の簡便化などの役割は、これまでブランドとの結び付きが希薄であった。しかし、ペットボトルの形状や大きさ、お菓子の容量の多様化によりパッケージとブランドとの結び付きが強くなっている。つまり、パッケージの機能性や取扱性の向上が、ブランド認知やブランド・ロイヤルティとの結び付きを向上させることにつながっている。

また、ブランド価値を高めるパッケージングに関して、恩蔵直人では、パッケージが優れていればそれだけで消費者に記憶されたり、ブランド固有の意味が伝達され、ブランド・エクイティ（ブランド資産）の強化に貢献できるとしている[8)]。このことから、企業は、ブランドに付与されているなんらかの情報や意味（ブランド価値）を消費者にパッケージを通じて感じ取らせている。また、消費者は、パッケージそのもの、色、形、成分表示、ロゴ、マークなどからブランドについての情報を取得し、そこに何らかの意味を自身で解釈しブランド価値を感じ取っている。そこで、企業が消費者に感じ取ってもらいたいブランド価値と消費者がブランドから得られる情報をもとに意味を解釈して感じるブランド価値をできるだけ一致させていくコミュニケーション活動が必要である。つまり、このことが「強いブランド」創りにおいては重要となる。

2. パッケージングによる付加価値創造 ―米のケース

「米と言えば新潟」と言われるほど、新潟県は、米処として知られており、全国有数の穀倉地帯である。「魚沼産コシヒカリ」は、1キロあたり1,000円近い

---

8) 恩蔵直人「パッケージにおける6つの機能」『販促会議』2月号、2004年、78-80頁。

価格で販売されており、文字通り「ブランド米」として定着している。

しかし、米は、天候に左右されやすく、品質や味も一定ではなく、農家は、このような不確実性に常に悩まされる。

また、米の消費量(1人1年あたりの供給量)は、農林水産省「食料需給表」によると、1962年(118.3kg)のピーク時と比較して、2006年(61.0kg)は、その約半分にまで落ち込んでいる。そのため、より一層の需要創造が求められている。そこで、米を加工したり、米粉を利用した商品開発が進展してきており、米の需要の一層の掘り起こしが図られている。また、米の「パッケージ」を工夫することによって付加価値を付けようという試みがある。そこでケースを通じて、パッケージングによる"価値付け"を考察してみる。

(1) ブランド米のキャラクター化・・・加茂有機米 (コシヒカリ)

米のパッケージによる"価値付け"のなかで最も注目されているものが、「キャラクター米」の開発・販売である。その1つに、新潟県加茂市の「加茂有機米」のキャラクター化がある。これは、「加茂有機米」(ブランド米であるコシヒカリ)に大河ドラマで一躍脚光を浴びた「直江兼継」のアニメキャラクターのパッケージをデザインして開発・販売したものである。この「キャラクター米」は、インターネットでの直販やアニメ専門店での販売といった形で販路を拡大することに成功するとともに、戦国武将ブーム、大河ドラマの影響で女性の購入が増加することで、普通のこしひかりより1日の出荷量は10倍になったことが報じられており[9)]、パッケージによる"価値付け"に一定の効果が認められている。

(2) ブランド米のキャラクター化・・・萌え米 (あきたこまち)

「キャラクター米」の開発・販売で成功している2つ目の事例は、秋田県JA羽後が企画した「萌え米」の開発・販売である。これは、ブランド米として定着している「あきたこまち」に美少女アニメキャラクターのパッケージをデザインして開発・販売している。このパッケージで販売した結果、同じ「あきたこま

---

9)　(株)テレビ新潟放送網(TeNY)制作『夕方ワイド新潟一番』(生放送番組)2009年10月29日放送。

ち」よりも売り上げが3倍増になったことが報じられており[10]、これも、パッケージによる“価値付け”に一定の効果が認められる。

(3) 有名デザイナー作による米のパッケージのデザイン化・・・ゆめぴりか (北海道米)

米のパッケージによる“価値付け”として、有名デザイナーがデザインしたパッケージの利用がある。「北海道米」の中でも高級米のイメージ作りとして、ニューヨーク近代美術館に作品が永久保存されている五十嵐威揚(いがらしたけのぶ)氏によってデザインされたパッケージを利用した「ゆめぴりか」の開発・販売である。高級感あるパッケージを利用することでワンランク上のブランドの確立を目指してしており、注目されている[11]。

(4) ノギャル作による米のパッケージのデザイン化・・・シブヤ米 (大潟村米)

農業の後継者不足が深刻な中、ノギャル(農業に携わる若い女性)が注目されている。彼女たちは、秋田県大潟村で農業に従事し、そこで収穫された米(大潟村米)を「シブヤ米」として販売した。

これは、若者が食や農業に関心をもつきっかけを創るために始まったプロジェクトである。若者が集う街「渋谷」を意味する「シブヤ米」と名づけられ、渋谷を象徴する忠犬ハチ公がパッケージの前面に描かれている。つまり、お米だけでなくパッケージによって“価値付け”を図ろうとしている[12]。

3. 小　括

上記4つの事例を通じて、米のパッケージは、単なる「米袋」ではなく、消費者に「パッケージ」に注目させ、購買を促す動機づけを行える活動を効果的に行うためのツールになり得る。つまり、パッケージにおける+α(プラスアルファ)の“価値付け”が可能となる。

また、パッケージは、企業がマーケティング活動を行える“最後の5秒”といわれるほど、パッケージは、ブランド認知と消費者の購買行動を促進させるた

10) 同上。
11) 同上。
12) 同上。

めの重要な役割を果たしている。

そこで、米のブランド化は、中身（ブランド米）と外見（パッケージ）の双方によってブランド価値を向上させるような一定のシナジー（相乗効果）が期待できる。そのため、米の生産者は、今後より一層パッケージに注目し、ブランド米にさらなる付加価値創りを行っていくことが求められよう。

第4節　まとめと課題

現在、製品（サービスを含む）そのものを売ろうとしても売れない。それは、マーケティング、つまり売れる仕組みや仕掛けづくりができていないからである。マーケティングにおける製品戦略の1つとして、ブランド力向上やパッケージングなどによる+αの付加価値創造が重要である。パッケージングにおいては、他のブランド要素（ブランド・ネーム、ロゴ、マーク、スローガン、キャラクター、ジングルなど）との関連の中で位置付ける必要がある。また、パッケージは、企業側の情報発信として、またブランド価値向上のツールとして十分機能しており、製品戦略としての“価値付け”において、パッケージングが果たす役割は、今後ますます重要性を増すであろう。

【参考文献】

D. A. Aaker, *Building Strong Brand*, The Free Press, A Division of Simon & Schuster, Inc, 1996.（陶山計介・小林哲・梅本春夫・石垣智徳訳『ブランド優位の戦略−顧客を創造するBIの開発と実践−』ダイヤモンド社、1997年）。
伊部泰弘「ブランディングにおける“価値付け”に関する一考察−パッケージングによる事例を中心に−」『企業経営研究』第14号、2011年。
恩蔵直人・亀井昭宏編『ブランド要素の戦略論理』早稲田大学出版部、2002年。
和田充夫『ブランド価値共創』同文館出版、2004年。

第４章　成熟市場の製品戦略

第１節　成熟市場の意味

成熟市場とは一定の市場に同質な商品が溢れた状態であり、飽和市場とは異なる。飽和市場は特別な現象ではなく、マーケティングが置かれた基本的な状態である。マーケティングは飽和市場の段階において初めて用いられ、差別化が困難な状況を打開するための手段である。当然、成熟市場は飽和状態を前提とする。飽和市場において、自社市場の拡大は他社市場を奪うことを直接意味する。その戦略には製品差別化戦略と市場細分化戦略の２つがある。

商品そのものの独自性が広く一般に確保・確立された場合、つまりそれは競合他社の存在がない、または、棲み分けされた状況にある場合、マーケティングの必要はない。マーケティングは商品の差別化が不十分な段階にあること、すなわち、同質な商品が存在する競争市場においてのみ用いられる。パリ・コレクションにみられる高級アパレル商品、由緒正しき老舗の商品などはマーケティングの必要がない。本章が対象とする商品の基本的性質を念頭に置こう。

今日の市場を理解する上で、消費の多様化、所得の二極化、消費の二面性という３つの側面を構造的に捉えてみよう。消費の多様化は個性の表出や多様なライフスタイルを受けたものであり、過去にも至る所でみられる現象である。ファッションにおいて、消費者は他人との違いを強調しようとした。今日でもそのような側面は存在するが、全体としての内容に変化がみられる。その最も大きな要因は商品を生産しても売れないデフレーション経済の影響や消費者全体の所得水準の低下である。その一方で、高額所得者の増加により、わが国でもアメリカ社会にみられる所得の二極化が明確化しつつある。

低額所得者は基本的に安価な商品を積極的に購入する。このような経済合理性に従った判断と同時に、自由に使用できる可処分所得を節約によって増やし、関心のある商品を高価であっても積極的に購入する。同じ消費者が価格の両端に位置付けられる商品を積極的に購入する様子を消費の二面性と呼ぶ。これは限られた制約内での贅沢を志向する消費行為である[1)]。

もう一方にある高額所得者は物価全体が抑えられているため、商品購入が容易になり、ますます消費の多様化が進む。消費の多様化を下支えする、または、この前提となる豊富な商品の市場への導入は生産効率が低下するデフレーション経済下だからこそ加速する。売れる商品の開発がますます求められるからである。

消費の二面性を現場レベルでみると、販売時点情報管理（POS）システムによって、売れ筋商品の拡大と死に筋商品の排除を徹底的に行い、効率的に利益を確保しようとするコンビニエンス・ストアは一般大衆消費者を対象とする。今日的経済事情と競争の激化を受けて、従来は実施されなかった清涼飲料水を中心とする値引きが頻繁にみられる。ところが一方で、スイーツ、弁当、菓子などを中心とする高品質高価格なプレミアム的商品も豊富に品揃えされている。若者は駐車場や車検などの追加的代金の負担も重なるため、自動車離れが加速するが、海外高級オートバイ、例えば、ハーレーダビッドソンを積極的に購入する。国内産のオートバイでは1980年頃に生産されたプレミアム的商品であるカワサキZ400FXやホンダCB400Fourのような旧車は当時の定価の数倍もする価格で購入されている。

このような複雑な成熟市場において、マーケティング担当者にとっては単なる市場予測ではなく、将来の魅力ある市場･商品を的確に捉えること、創造性･新奇性豊かな市場の措定力が問われる時代である。

---

1)　今光俊介「価格戦略–新しい高価格戦略–」伊部泰弘･今光俊介･松井温文『現代のマーケティングと商業』五絃舎、2012年、62頁。

第2節　製品差別化戦略と市場細分化戦略

「商品の差別化」と「製品差別化戦略」は「差別化」という用語を共に使用はするものの、意味は相違する。商品の直接的差別化は市場細分化戦略に、間接的差別化は製品差別化戦略に係わる。両戦略に共通する事実は市場が飽和した段階から用いられることである。また、最も大きな相違点として、前者はそれ自体が個別的・具体的マーケティングであり、後者は製品戦略と販売促進戦略を中核とするマーケティングの一般的なあり方である[2)]。

まずは製品差別化戦略について、マーケティングの主体は市場が飽和状態に到達しても、生産量を更に拡大しようとする。市場に自社だけしか存在しない独占段階でなければ、競合他社の市場を奪うことによってのみ自社市場の拡大ができる。競争のための差別化であり、職人技にみられる熟練の結果としてのそれを目的とはしない。他社商品との基本的な属性での差別化が困難な状況を克服するため、しかしそうではあっても過剰な費用の投入を避けるため、商品そのものの改良を行うことなく、ブランドの付与、パッケージング、広告宣伝活動などの販売促進戦略によって、消費者の購買意欲を高めようとする[3)]。このような製品差別化戦略は他社による同戦略の実施によって、自社市場の開拓が行き詰まる。

この状況を克服する次の手段が市場細分化戦略である。製品差別化戦略と市場細分化戦略は並立的にある選択肢ではなく、市場の段階的状況に合わせて採用される必然的戦略である。製品差別化戦略はある商品を広範囲の消費者に向けて販売しようとする。それに対して、市場細分化戦略は消費者ニーズの多様性を積極的に受け入れ、個々のニーズに適合させるため、商品そのものの差別

2）　保田芳昭「市場細分化についての一考察」『関西大学商學論集』第 11 巻 第 3 号、1966 年、43-51 頁。

3）　岩永忠康「製品差別化におけるブランド−マーケティングにおけるブランドの役割−」『熊本短大論集』第 31 巻 第 3 号、1981 年。

化が図られる。消費者ニーズに接近しようとするこの姿勢は生産者の論理を中心とする生産志向、高圧的マーケティングから、消費者志向、低圧的マーケティングへの移行であるとも理解される。

市場細分化戦略は消費者にとって、より好ましい商品を購買できるという長所、それは商品の訴求力を強めるものの、製造企業にさまざまな問題を生じさせる。生産や販売に係わる追加的費用が発生する。対象とする市場が限定的であるため、総販売量の確保問題と広告宣伝活動が一般大衆消費者全体に対してなされるという効率性の低下がある。

マーケティングにとって、商品の訴求力を高める目的は生産量を拡大するためである。それゆえ、目的を達成するための補助的活動がなされる。訴求力の強化によって販売が容易になり、短期間で市場全体に商品が行き渡る。それに合わせて次の新商品を市場に導入する。商品の一生涯を示すライフサイクルを恣意的に短縮化することによって、総販売量を維持または拡大しようとする。その際の操作活動が製品陳腐化戦略と呼ばれる。製品機能が古くなる機能的陳腐化、流行によって心理的に古く感じさせる心理的陳腐化、製品寿命を故意に短縮化する材料的陳腐化がある。携帯電話、自動車、化粧品などをみてみると、市場細分化戦略と製品陳腐化戦略が同時になされていることを確認できる。両戦略は切り離せない関係にある[4)]。

第３節　水平方向への市場細分化戦略

前節では製品差別化戦略から市場細分化戦略への移行や両者について、一般的な理解を示した。成熟市場は消費者自らが作り出すという側面もあるが、マーケティング活動の結果である。それは同じ属性の商品を洪水のように市場に導入するからである。対象の消費者を限定的に捉え、小さな市場に向けての力強いマーケティングは商品のライフサイクルを恣意的に短縮化し、次々と新

---

4)　角松正雄「製品差別化と市場細分化−独占とマーケティング−」『熊本商大論集』第25号、1967年、55頁。

商品を市場に導入する。それは以前の商品が市場から撤退することを一応意味する。しかし､現実にはそのようにはならないこともある。コンビニエンス・ストアの店舗内にある菓子類を確認すると、例えば、チロルチョコ、ポテトチップスなどにおいて、多様な味付けがなされた豊富な商品が並立的に陳列されている。新商品が登場しても従来の商品も残される。この理由は豊富な品揃え、それは消費者への選択肢を増やすことによって、購買時の訴求力を確保しようとするからである。

これを実現するために生産システムを飛躍的に向上させる必要があった。最終的には大量生産ではあるが、システム的には多品種少量生産を可能にすることによってこれを実現した。当然、それによる費用の上昇を抑制するためのシステムも構築された。

水平方向とは基本的には同質で同価格の商品である。120円の缶コーヒー群はまさにそれである。このような市場細分化戦略には限界がある。各社が同戦略を用いた結果､商品が膨大に溢れかえり､差別化するための戦略ではあるが､商品における若干の差異に消費者の関心は寄せられなくなる商品のコモディティ化現象を引き起こした。新商品の開発を止めれば市場占有率は徐々に下がる。しかし、その効果は十分に期待できないというジレンマに陥っている。

第4節　垂直方向への市場細分化戦略

各製造企業はこの問題を解決するために新たな市場細分化戦略を試みる。垂直方向とは品質と価格を共に高めることを意味する。付加価値を高め、利益を確保しようとする。垂直方向は水平方向からの単なる転換ではなく、マーケティング戦略上の抜本的な変革を意味する。

まずは垂直方向と類似する市場細分化戦略を確認しよう。自動車各社は最高級車から一般大衆車まで、化粧品各社は百貨店での美容部員の販売による商品からセルフサービスによるドラッグ・ストア対応の商品まで、品質と価格を調整しながら幅広い消費者層を取り込むようにしている。しかし、筆者はこれらを垂直方向への運動とは認識しない。

例えば、菓子、清涼飲料、食品などは製造企業と消費者の両面において、一般的に広く認知された価格帯がある。本来であれば、原材料の高騰を受ければ、販売価格が高くなる。しかし、価格に対する認識が固定化すると、それを上げることが困難になる。この状況を打開するため、品質が明らかに高くなったことを消費者に訴えかけ、価格を高く設定した商品を受け入れてもらおうとする。それはプレミアム的商品、地域・期間限定商品などである。販売量は少なくなるものの、高速道路のサービスエリアなどで売られている特別限定商品もある。

今後このような商品の占める割合を拡大することによって、消費者の品質と価格に対する従来の認識を変えようとするであろう。

【参考文献】

森下二次也『マーケティング論の体系と方法』千倉書房、1993 年。

第5章　産学連携による製品戦略

第1節　企業の環境変化と生き残り戦略

少子高齢化、グローバル化、ICT 化の流れのなかで、消費者が求めるものが大きく変化してきている。それを上手く捉えて企業は、「売れる製品」を展開していく必要がある。しかし、上記のような現代社会において経営環境が目まぐるしく変化するなか、あるいは市場が飽和・縮小しているなか、企業はそれでも収益を上げる施策を考え、実行しなければ、生き残っていけない。

その生き残り戦略の1つとして企業の新たな製品戦略において、消費者である学生（生徒）のニーズを捉え、コラボレーションしながら製品開発を行うスタイルが一般化されつつある。それが、産学連携による製品戦略である。

そこで、本章では、企業における製品戦略の特質を製品差別化戦略の視点から捉え、製品差別化するための新たな取り組みの1つとして産学連携による製品戦略を取り上げる。特に、筆者がゼミナールで行っている「加茂ヒマワリスプロジェクト」の一環として取り組んでいる銘菓企業とのコラボレーションによる製品開発の事例から産学連携による製品戦略について考察する。その際、和菓子・洋菓子産業の現況や課題を踏まえた考察とする。その結論として、消費者とのコラボレーション型製品開発の課題およびその解決策について模索する。

第2節　企業における製品戦略の特質

1．製品差別化戦略の必要性

現代において私たちは、朝起きてから夜寝るまで、また寝ている間も、さまざまなモノに囲まれて生活している。私たち消費者が自身で使う目的で購入したり、あるいは自身以外の人に対して購入するモノすべてを企業は生産し、販売している。

つまり、企業は、私たち消費者の欲求を満たすために、消費者が気に入るモノを生産し、販売し続けているといっても過言ではない。それは、また、企業がゴーイング・コンサーン（継続企業）として存在し続けるための宿命でもある。また、消費者が求めるモノにおける企業の製品戦略のうち、企業が最重視すべき戦略は、新製品開発や既存の製品の陳腐化を防ぐために行われる製品差別化戦略であると考える。

なぜなら、日本の消費財市場は、「供給過多」状況にあり、さまざまな商品カテゴリーには代替できる製品が多数存在し、どの製品を選択するかは消費者にゆだねられており、消費者が購買における主導権を握っているためである。そのため、消費者に他社の同様の製品との違いを明らかにし、その違いを消費者に認識してもらい、購買行動に結びつける必要がある。

つまり、「違い」の明確化が必要であり、どのようにあるいはどの程度明確に違いを出せば良いのかといった問題が生じる。そこで、そのような問題意識について更に詳しく考察する。

2. 製品差別化戦略の特質

製品差別化（あるいは製品差異化ともいわれる）の定義については一義的ではない。コトラー＆ケラー（2008）では、製品をブランド化するために差別化が必要であると指摘しており、製品による差別化の要素として、形態、特徴、性能品質、適合品質、耐久性、信頼性、修理可能性、スタイルを指摘している[1)]。

また、伊部（2009）では、表5-1のように製品差別化に関する既存研究の概念整理を行った。その結果、「製品差別化は、同業他社に対して製品の特異性を強

1）フィリップ・コトラー / ケビン・レーン・ケラー著、恩蔵直人監修、月谷真紀訳『コトラー＆ケラーのマーケティング・マネジメント』（第12版）ピアゾン・エデュケーション、2008年、465-467頁。

表 5-1　製品差別化の概念整理

著書・論文	概念	特徴	効果・影響
出牛（1980 年）	顧客の選好を誘導する特異性を打ち出し、競争優位な立場を占めるための戦略	①ターゲット顧客に訴求しうる特徴を強調 ②外観の良さ ③商標	些細な差異が購買に影響
村田（1980 年）	非価格競争の有力な手段	①機能、品質、性能の付加 ②付属品の開発 ③サービス欲求の充足 ④製品のトータルイメージ ⑤原材料の購買	価値実現ツールとして製品やイメージが効率よく展開
小西（1980 年）	—	①本質的差別化 ②非本質的差別化 ③外部的差別化	—
P. コトラー（1984 年、邦訳 1986 年）	—	マーケティング発展段階の 1 つであり、 ①マス・マーケティング ②製品差別化マーケティング ③標的マーケティング の第 2 段階	②の段階では顧客に多様性を提供
米谷（2001 年）	自社製品を競合他社の製品と識別させる活動であり、そのための製品差異の創出活動	些細な製品改良、装飾や設備の精巧さ、新奇で便利な包装、製品の雰囲気、消費者へのサービスや便益などに改良を施すこと	自社の製品を差別化させ、製品の出自を明確にするとともにそれにパテント性をもたせるためにトレードマークやブランドを付与し、消費者の選好をより強固なものにする

出所：伊部泰弘「製品差別化に関する研究−菓子業界の事例を中心に−」『東 Asia 企業経営研究』第 6 号、2009 年 11 月、4 頁。

調し、如何に優位性を構築し、市場シェアを獲得できるかを考えた競争戦略の一方策であるといえる。また、製品差別化は、品質、ブランド、パッケージ、デザイン、プレミアムなどによって他の製品にはみられない「らしさ」の創造活動であるといえる[2)]」と結論付けている。

つまり、製品差別化は、製品の特異性を強調し、当該製品「らしさ」を創り出すことである。それは、製品そのものである場合もあるし、製品に付随するパッ

2)　伊部泰弘「製品差別化に関する研究−菓子業界の事例を中心に−」『東 Asia 企業経営研究』第 6 号、2009 年 11 月、76-78 頁。

ケージ、プレミアム（景品）なども製品差別化を構成する要素となりうる。

そこで、製品差別化戦略のうち、新製品開発における新たな取り組みと既存製品の陳腐化を防ぐ製品戦略に絞って考察していく。

3. 新製品開発における新たな取り組み ―産学連携によるコラボレーション型製品開発―

企業にとって、成長戦略や生き残りを掛けた戦いに勝つためには、新製品の開発が最も重要である。これまで、新製品開発は企業内部で極秘裏に進められ、満を持して市場に投入する手法が一般的であった。しかし、さまざまな消費財市場は飽和し、「供給過多」で「代替品過多」の現代社会において、市場に素早くまた消費者ニーズが確実に存在する市場に新製品を投入しなければ生き残れない状況である。

そこで、これまで以上に消費者とのコラボレーションによる製品開発が行われるようになってきた。具体的には、無印良品を展開する良品計画では、企業と会員が一緒に製品企画や製品開発を進める「ものづくりコミュニティー」というサイトを展開し、ものづくりプロジェクト（みんなの文房具やmamaMUJIなど）を立ち上げ、会員にアンケートやモニターを依頼し、製品開発に消費者の意見を吸い上げ、反映させる仕組みを構築してきた。[3)]

このようななか、企業と学生による産学連携によるコラボレーション型の製品開発も進展している。特に、標的市場が学生など若年世代向けの食品分野において顕著にみられる。具体的には、千葉商科大学商経学部では、地域社会における新事業創出等の産業振興に寄与することを目的としてロック製菓株式会社と産学連携協定を提携[4)]したり、山崎製パン株式会社では同社の商品である「ランチパック」を早稲田大学、明治大学、法政大学、立教大学の学生との共同企画により『キャンパスランチパック』を発売し[5)]、このようなコラボレーション型製品開発

3)　良品計画の消費者参加型の製品開発に関する研究として、小川進「ユーザー起動法とブランドコミュニティ：良品計画の事例」『行動科学』Vol.39、N0.3、2006年、27-39頁がある。
4)　『教育学術新聞』2015年8月5日、4頁。
5)　山崎製パンHP、https://www.yamazakipan.co.jp/company/news/20131226.html（2015年11月

を順次各大学と展開している。

このような食に関する産学連携によるコラボレーション型製品開発における研究には、池内他（2011）、佐藤他（2014）などがある。池内他（2011）では、奈良県大和郡山市柳町商店街の小谷商店との連携により、きなこを用いた新商品開発に取り組み、きなこ入りミルクジャムを調製し、試食によるアンケート調査を実施し、その結果をまとめている[6]。また、佐藤他（2014）では、女子学生に多い鉄欠乏性貧血や中高年に多い生活習慣病の一助になることをテーマに、和菓子（どら焼き）と洋菓子（マカロン）の産学連携によるオリジナル商品開発を実施し、アンケート調査に基づき、官能評価などを明らかにする研究を行っている[7]。

更に、官を含めた産学官連携によるコラボレーション型製品開発に関する研究には、若手後継者等教育事業を中心にまとめた富山商工会議所・富山商工会議所青年部（2009）[8]（2010）[9]および松井・清水・長谷川（2009）がある。特に、松井・清水・長谷川（2009）によると、産学官連携により、大学生・高専生・高校生に疑似企業を体験させることで起業家教育の実践を学ばせる狙いのもと、富山商工会議所青年部主催の若手後継者育成事業である「学店」が2005年、2007年、2008年の3回実施されている。この取り組み内容は、大学生・高専生・高校生の各チーム（模擬株式会社）から提出された事業計画書に基づいて各イベントでの販売を目的に菓子などを商品化し、販売実習を行い、振り返りおよび成果報告会を実施したといった内容であった[10]。

それらの研究は、すべて単なる企業の利益追求のための新製品開発ではなく、

27日アクセス）。

6) 池内ますみ・須谷和子・山田裕子・原三沙子「産学連携によるきなこを用いた新商品の開発」『奈良佐保短期大学研究紀要』第19巻、2011年3月、1-8頁。

7) 佐藤幸子・佐盃ひとみ・庄田美保・平田暁子・窪田結里・戸辺麻理子・田中優・岡由香里・小椋洋「製菓学科における新しい産学連携の取り組みについて－和菓子・洋菓子のオリジナル商品の開発－」『目白大学短期大学部研究紀要』50号、2014年2月、91-100頁。

8) 富山商工会議所・富山商工会議所青年部『若手後継者等育成事業 YEG フェア 2008「第3回 学店」報告書』2009年1月。

9) 富山商工会議所・富山商工会議所青年部『平成21年度若手後継者等育成事業「第4回 学店」報告書』2010年1月。

10) 松井温文・清水真・長谷川博「産学官連携による若手後継者等育成事業の学生教育報告」追手門学院大学経営学会『ディスカッション・ペーパー』No.18、2009年3月。

社会への有用性や学生、生徒への教育的視点が加味されていた。つまり、産学連携あるいは産学官連携によるコラボレーション型製品開発では、企業側と教育機関の双方の立場におけるメリットの享受（Win-Win の関係性構築）が前提であることが重要となる。

4. 既存製品の陳腐化を防ぐ製品戦略 ―パッケージングによる付加価値創り―

既存製品の陳腐化を防ぐ製品戦略として、脱コモディティ化がある。脱コモディティ化とは、「当該カテゴリーのどの商品を買っても同じ価値がある」と消費者に思わせないことである。そのためには、機能や性能を少しずつ変える「マイナーチェンジ」を行う手法と、パッケージのリニューアルや復刻版の採用などパッケージングによる付加価値創りがある。

また、パッケージングによる付加価値創りの研究には、伊部（2011）がある。伊部（2011）では、ブランディングにおける価値創造（価値付け）において、パッケージングを取り上げ、お米のパッケージング事例から価値創造の必要性を提起している。特に、ブランド米のキャラクター化の一例として、新潟県の加茂有機米（コシヒカリ）に直江兼継のアニメキャラクターのパッケージをデザインして開発・販売することで1日の出荷量が10倍に増加した[11]ことが述べられている。これは、お米のパッケージは単なる米袋ではなく、既存のブランド米であるコシヒカリの価値を更に上げるためのパッケージ戦略であり、「中身＋外見」による価値創造である。特に、パッケージは、「マーケティングにおける最後の5秒」といわれ、パッケージの良し悪し、あるいは印象付けが、企業がマネジメントできるマーケティング手段であるとともに、消費者の購買行動に大きな影響を与えるものである[12]。

そこで、次節以降、消費者に身近な事例として、和菓子や洋菓子といった地域の銘菓を取り上げ、考察する。

11）㈱テレビ新潟放送網（TeNY）制作『夕方ワイド新潟一番』（生放送番組）2009年10月29日放送。
12）伊部泰弘「ブランディングにおける"価値付け"に関する一考察：パッケージングによる事例を中心に」『企業経営研究』第14号、2011年5月、39-49頁。

第３節　和菓子・洋菓子における製品戦略

1. 和菓子・洋菓子業界の現状

菓子は、大きく和菓子と洋菓子に分けられ、双方とも古くから日本人に親しまれており、日常のなかで食されるだけでなく、贈答品や土産物としても重宝されている。

和菓子とは、有史以来のわが国独自に創作された菓子、奈良・平安時代に唐から渡来した菓子、安土・桃山時代に南蛮等から渡来して定着し、育成された菓子の総称である。また、洋菓子とは、明治維新以降に西洋文化とともに普及した菓子類の総称である。しかし、この分類は厳密なものではなく、例えばカステラは、南蛮菓子であるため和菓子に入れられる場合もあれば、洋菓子に入れられる場合もある。また、和菓子、洋菓子とも水分含量とその保存性により、生菓子（水分が30%以上含むもの）、半生菓子（水分が10%以上30%未満のもの）、干菓子（水分が10%未満のもの）と分類される[13]。更に製法等を加えた分類について、表5-2で示しておく。

次に、和菓子業界と洋菓子業界の現状について、菓子業界の市場動向と特に和生菓子と洋生菓子[14]についてその特徴を明らかにする。2014年における菓子生産数量は1,932,578トン（前年比101.5%）、生産金額は23,950億円（前年比102.2%）、小売金額は、32,522億円（前年比102.4%）[15]となっており、小売金額で3兆円を超える市場である。また、その内訳で、和菓子が生産数量、生産金額、小売金額が第1位であり、それぞれ、304,500トン（前年比100.0%、構成比15.8%）、3,820億円（前年比100.0%、構成比15.9%）、4,700億円（前年比100.6%、構成比14.5%）であった。また、

13）早川幸男『菓子入門』（改訂2版）日本食糧新聞社、2013年、6-16頁、お菓子何でも情報館 http://www.zenkaren.net/_0300（2015年11月20日アクセス）。
14）ここでいう和生菓子は、ようかん、まんじゅう、その他和菓子であり、洋生菓子は、ケーキ、カステラ、ドーナツ、その他洋生菓子である。e-お菓子ネット（平成26年菓子統計）http://www.eokashi.net/siryo/siryo08/h2703.pdf、6頁（2015年11月17日アクセス）。
15）同上サイト、5頁。

表 5-2　菓子の分類方法

大分類	中分類	小分類
和菓子	生菓子	もちもの、蒸し物、焼きもの、流しもの、練りもの、揚げもの
	半生菓子	あんもの、おかもの、焼きもの、流しもの、練りもの、砂糖漬けもの
	干菓子	打ちもの、押しもの、掛けもの、焼きもの、あめもの、揚げもの、豆菓子、米菓
	生菓子	スポンジケーキ類、バターケーキ類、シュー菓子類、発酵菓子類、フィユタージュ類、タルト・タルロレット類、ワッフル類、シュトルーゼ類、料理菓子類
	半生菓子	スポンジケーキ類、バターケーキ類、発酵菓子類、タルト・タルロレット類の一部、砂糖漬類
	干菓子	キャンデー類、チョコレート類、チューインガム類、ビスケット類、スナック類

出所：早川幸男『菓子入門』（改訂 2 版）日本食糧新聞社、2013 年、12-13 頁をもとに筆者作成。

洋菓子は、生産数量と小売金額がスナック菓子に次いで第 3 位であり、生産金額は、第 2 位であった。生産数量は、189,104 トン（前年比 98.0%、構成比 9.8%）、生産金額は、3,285 億円（前年比 98.3%、構成比 13.7%）、小売金額は、4,175 億円（前年比 98.3%、構成比 12.8%）であった。[16]

特に和生菓子については、生産数量、生産金額、小売金額ともに前年並みに推移しているものの、洋生菓子は、上記すべてにおいて減少しており、市場が縮小傾向にある。

このような背景には、和生菓子については、手土産需要や家庭内消費が堅調に推移していることやコンビニエンス・ストア、特に地方都市の和菓子販売の需要の高まりが前年並みの結果を生んでいる。また、洋生菓子については、ネット販売による売上増があるものの百貨店は不調であった。また、増税後の消費低迷、円安による原材料費の高騰、バターや乳製品の原材料不足が影響した。[17]

2.　和菓子・洋菓子の製品戦略の課題と方向性

和菓子・洋菓子業界の市場は、前述のとおり、横ばいもしくは縮小傾向にあるため、その製品戦略において新製品開発はもとより市場を拡大させるには、消費者の和菓子・洋菓子の支出金額を増加させる必要がある。

16）同上サイト、5 頁。
17）同上サイト、3 頁。

表5-3　和生菓子・洋生菓子の支出金額

（2014年、単位：円・％）

	和菓子	洋菓子
1人当たり1か月購入額	305	500
前年比	100.4	100.5
1世帯当たり1か月購入額	931	1,526
前年比	99.8	99.9
1世帯当たり年間購入額	11,148	18,289
前年比	99.8	99.9

出所：e-お菓子ネット（平成26年菓子統計）、http://www.eokashi.net/siryo/siryo08/h2703.pdf、7頁（2015年11月17日アクセス）より筆者作成。

表5-3は、2014年の和菓子・洋菓子の支出金額を示したものである。これによると、1人1か月当たり和生菓子で300円程度、洋生菓子で500円である。特に単身世帯が増えている中で、1人当たりの需要の増加策を考えて行く必要がある。また、1世帯当たりにおいても年間における和生菓子で11,000円程度、洋生菓子で18,000円程度の購買であり、前年比よりも減少傾向のため、早急な対策が必要である。そのような意味において、需要増加策では、購買頻度の向上策と客単価の増加策が望まれる。

第4節　銘菓企業の産学連携による製品開発の事例研究
―菓房処京家と加茂ヒマワリスプロジェクトとの取組を中心に―

1. 菓房処京家の概要

菓房処京家（以下京家と略す）は、新潟県加茂市周辺に立地している銘菓企業であり、現在、2代目の中林健氏が代表取締役社長を務めている。従業員数は、（役員数含む）30名、店舗数は加茂駅前本店を含む5店舗で、和菓子、洋菓子合わせて約300アイテムを生産・販売している。また、西加茂店は、生産工場と店舗を兼ねた京家最大の建物となっている。

1973年に中林氏の父である恭一氏が創業し、中林氏の祖父も菓子に携わる仕事をしており親子3代にわたって菓子作りに携わってきている。創業後は、和菓子，洋菓子の銘菓店として加茂の街で親しまれてきた。特に、京家は、創業以来、和菓子づくりに力を入れており、和菓子は、進物や土産として喜ばれるものであるため、「地域が誇れる菓子づくり」に努めている。

また、和菓子に洋菓子の技術も取り入れている。具体的には、「献上栗」という菓子は、大粒栗を黄味あんとパイ生地で包んだ大粒栗が入った和洋折衷型の菓子となっており、京家ならではの和菓子＋洋菓子の技術が活かされている。更に、最近では、かりんとう饅頭「鬼の金棒」がヒット商品となっている。沖縄産の上質な黒糖と十勝産小豆で作った饅頭をさっくりと油であげた菓子となっており、京家以外にも新潟県のアンテナショップである東京・表参道の「新潟館・ネスパス」内にある「新潟食楽園」でも販売されており、新潟を代表する名物にもなっている。[18)]

また、社名についても、社長曰く、「京都に所縁があるのですか？」「加茂は小京都なので、それにちなんで京家なのですか？」とたびたび客から聞かれることがあるようだが、実際は、父恭一、母京子の名前で共通する「きょう」の字にちなんだ名前を社名に入れることになり、結果「京」の字を社名に加えたというエピソードがある。[19)]

しかし、結果的に加茂市は京都に所縁があり、また「北越の小京都」でもあるため、加茂市のイメージから会社（店舗）のイメージが連想できるといったブランド連想の効果を生んでいると考えられるため、この地にあったネーミングとなっている。

2.　銘菓企業としての課題・方向性

加茂で「菓子屋のリーダー」としての地位を築いてきた京家であるが、社長に業界全体で困っていることや業界の方向性について尋ねてみると、以下のような課題や方向性が浮かび上がった。[20)]

18）筆者が、菓房処京家代表取締役社長中林健氏に行ったインタビュー（2015 年 11 月 10 日実施）、および SWEETS 表参道新潟館、https://www.nico.or.jp/nespace/sweets/02.html（2015 年 11 月 22 日アクセス）による。

19）同上インタビューによる。

20）同上インタビューによる。

課題について、第1は、菓子について新商品が出つくされており、新しい菓子が出来にくくなっていることが指摘された。これまでは、美味しいものを作れば売れていたが、最近は、そのような味以外に見た目としてのパッケージやディスプレイが売れるための重要な要素となっている点がある。そのため、京家でも菓子の味を追求することはもちろんのことパッケージやディスプレイにおいて可愛らしさやファンシーさを出すよう工夫されている。

第2は、菓子づくりの機械化が進み、菓子自体の差別化が困難な状況となっている点がある。コンビニエンス・ストアでも、和菓子や洋菓子などのスウィーツは、目玉商品となるくらい商品開発に力を入れており、銘菓企業にとっては、無視できない存在となっている。そこで、専門店である菓子屋は、機械化できない菓子づくりをし、専門店ならではの付加価値を如何に出していけるかが課題となる。特に、菓子づくりは、料理づくりとは違い大体の目分量で出来るものではなく、1グラム単位で原料を計量し、完成した菓子であっても、日々の気象条件に合わせて原料の組み合わせを変化させている。つまり、菓子づくりは、最初に客に美味しいとのインパクトを与えることで継続購買を促すとともに、客のニーズや環境変化に合わせて味を少しずつ変化させ、更に美味しくなった菓子を提供することで「美味しさの追求」を行っていくことが最も重要となる。そのことが、機械化された「菓子」にはない、付加価値であり、贈答品としてまた手土産としての価値創造に繋がっているのである。

更に、銘菓企業としての方向性として、新商品開発への飽くなき挑戦がある。その菓子づくりにおいて重要なポイントとして、果物との相性がある。和菓子・洋菓子を問わず、果物との相性が、菓子のうまさを引立たせることは言うまでもない。今後は、これまでみられなかった菓子になりにくい果物や流通量の少ない果物(いわゆる地のもの)を活用することなど、地元の特産品を活用した地元に愛される菓子づくりが求められているのである。

3. 銘菓企業の地域との連携 —産学連携による製品開発—

地域に根差す銘菓企業が生産・販売する和菓子・洋菓子は、地域を代表する産物であり、贈答品や手土産として重宝されるため、地域を代表する顔であるとともに、地域のイメージの形成において重要な役割を果たす。そのため、銘菓企業は地域との連携は欠かせない。

京家も地域との連携には積極的であり、加茂を代表する銘菓企業としてのリーダーシップと誇りをもっている企業の1つである。特に、加茂をPRできる観光の目玉としての和菓子・洋菓子づくりを行っていきたいとの考えから、今回、筆者のゼミナール（テーマ：地域ブランディングを考える）で行っている「加茂ヒマワリスプロジェクト」のPRの一環として、産学連携によるコラボレーション型製品開発の実践に賛同し、協力していただいた。

「加茂ヒマワリスプロジェクト」とは、加茂市内の休耕地を利用し、また加茂市民の方々の協力のもと、ヒマワリを育成し、種を加茂山公園内にあるリス園のリスの餌や商品開発に活かすことで地域活性化に繋げ、「ヒマワリ＋リス＋福祉の街＝加茂」をPRする活動である。2010年度から実施しており、今年度で6年目である。

2015年度の主な活動内容は、5月に加茂祭りでの市民に向けてのヒマワリの種の配布の実施、6月に園児・保護者とのヒマワリの種まきの会の開催（現在、地元の西村農園の協力のもと、ゼミナール活動としてヒマワリの栽培・育成を行っている）、8月にヒマワリ夕暮れコンサートの開催（地元のアーティストを招いて、活動拠点としているヒマワリ畑でコンサートを実施しており、今年で3回目となる）、9月に加茂福祉フェスティバルでのPR活動の実施、10月に種の収穫を実施するとともに11月から2月まで新入生向けのフリーペーパー＆報告書作成であった。

このような活動を通じ、地域の方々とのコミュニケーションや触れ合いからゼミナール活動のテーマである地域のブランド価値を如何に高められるかをゼミ生達に考えてもらう取り組みを行っている。その取り組みの一環として、ゼミ生達の焼き菓子づくりの企画をもとに、京家とのコラボレーションによる菓子の開発・販売を行った。

2015年7月にゼミ生達が「加茂ヒマワリスプロジェクト」をPRするとともに加茂を代表する土産の1つに加えてもらうべく、ヒマワリやその種をモチーフに

写真 5-1　京家西加茂店での焼き菓子の販売風景

出所：筆者撮影（2015 年 11 月 10 日、右写真：京家代表取締役社長中林氏）。

した焼き菓子（クッキー、マドレーヌ、フィナンシェ）の企画書を作成した。また、8 月から 10 月にかけて京家の社長との議論・打ち合わせ、試作を経て、最終的に、ヒマワリクッキー（プレーン、ココア味の 2 種類でヒマワリの種を生地に入れたもの）とヒマワリマドレーヌ（プレーン、抹茶味、ほうじ茶味の 3 種類でヒマワリの種を生地に入れたもの）とヒマワリフィナンシェ（ヒマワリをイメージするためオレンジを輪切りにし、中央に添えたもの）を完成させた。また、パッケージについても学生達が図案化したシールを商品に貼ることによって京家と加茂ヒマワリスプロジェクトのコラボレーションによる商品であることが分かるよう工夫した。

当焼き菓子は、10 月 24 日・25 日に開催された新潟経営大学の大学祭での模擬店（店舗名「ヒマワリカフェ」「ビストロヒマワリ」の 2 店舗）で新発売された。その様子は地元新聞 2 社（新潟日報 2015 年 10 月 24 日と越後ジャーナル 2015 年 10 月 25 日）に掲載された。その後、11 月 10 日より京家西加茂店において、同商品を継続的に販売している。

このように「京家 × 加茂ヒマワリスプロジェクト」といった形での産学連携による製品開発が行われた背景には、京家の「地域貢献として観光の目玉になる菓子を開発したい」という想いと加茂ヒマワリスプロジェクトの「プロジェクトの PR の一環としてヒマワリとその種をモチーフにした商品企画・開発を実現したい」という想いが一致したため、実現できたと考える。

特に、京家社長の中林氏には、「うちの会社は加茂とは切っても切れない関係であるため、地域のために活動している学生たちから依頼されたことなのでなんとか協力したい」とおっしゃっていただき、当企画に全面的に協力していただいた。また、社長は、「菓子＝加茂の味」という意識をもたれており、「菓子が取り持つ縁」をこれからも大切にし、加茂を知ってもらい、加茂を思い出してもらうきっかけになれればと話していた。[21)]

つまり、これからの銘菓企業にとって、地域との連携や産学連携による製品開発は、必然であり、地域と菓子を如何にリンクさせ、地域のイメージづくりに貢献できるかが重要なのである。

第５節　消費者とのコラボレーション型製品開発の課題と解決策

本章では、銘菓企業との産学連携によるコラボレーション型製品開発から企業の製品差別化の手法を模索した。その結果、銘菓企業のような特に地域に根差した企業にとっては、地域との連携、産学連携を含む消費者との連携によって企画や開発を進めるとする製品戦略が重要であることが理解できた。

しかし、一方において企業がそうした流れを組み入れるためには、克服しなければならない課題が存在しているのも事実である。

具体的には、生産者としての作り手と消費者としての買い手双方の想いをある程度一致させないと上手くいかない点がある。コラボレーション型の製品において、作り手は高く売りたいし、買い手は安く買いたいという価格価値で物事を進めてしまうと利害を一致させることが困難なため、失敗してしまう危険性が高い。そのため、利害を一致させる努力すなわち、価格以外の価値の共有化が鍵となる。特に地域で活躍する銘菓企業などは、地域活性化や地域づくりに積極的にコミットメントできるかどうかが重要となる。そのためには、両者を結ぶコーディネーターの役割が必要であり、産学連携においては教員ではなく学生達がそうした役割を担っていく必要もあろう。

21）同上インタビューによる。

第2は、産学連携を含む消費者との連携において、企業は消費者に新製品開発においてどこまで任せるのかといった企業と消費者の役割分担がある。今回、銘菓企業と学生とのコラボレーション型製品開発においては、学生達は商品企画、パッケージに貼るシールの図案化、シール制作、大学祭での販売、店舗でのディスプレイやPOP制作などを行い、銘菓企業は、学生達のアイディアの修正、焼き菓子の試作・製造、店舗での販売と明確に役割分担がなされた。しかし、不特定多数の消費者との連携の場合、消費者はアイディア出しといった企画での参画や完成品に対するモニタリングなど限られた関わり方しか出来ない。そのため、企業が消費者に新製品開発において何をして欲しいかを明確に提示するとともに、どのような点を消費者とコラボレーションしたのかを明確にフィードバックすることで、消費者との製品開発における一体感の形成や購買への動機づけに繋げていく必要があろう。

謝　辞

本章を執筆するにあたり、菓房処京家代表取締役社長中林健氏に貴重なお話を聞かせていただいた。改めて御礼申し上げる次第である。

【参考文献】
小西善雄『商品学−理論と対象−』中央出版社、1980年。
米谷雅之『現代製品戦略論』千倉書房、2001年。
出牛正芳『戦略的製品計画』白桃書房、1980年。
フィリップ・コトラー著、宮澤永光・十合晄・浦郷義郎共訳『マーケティング・エッセンシャルズ』東海大学出版会、1986年。
村田昭治『マーケティング』プレジデント社、1980年。

第6章　広義の販売促進戦略

第1節　販売促進の概念 ―プロモーションからコミュニケーションへ―

1．プロモーションの概念

モノ余りが進む今日の日本社会において、企業はそれでもなお収益を上げるべく消費者に選択される商品やサービスづくりを行うとともに、商品やサービスを広く消費者に認知してもらい、購買に結び付ける活動が欠かせない。それが、販売促進活動である。

販売促進（Sales Promotion）とは、単にプロモーションと呼ばれることもある。AMA（アメリカマーケティング協会）では、販売促進とは、「(1)特有の意味では、面接的販売、広告活動、パブリシティ等を除くマーケティング諸活動のことであり、消費者の購買やディーラーの効率性を刺激するような陳列、展示、展覧会、実演その他定式過程のようには繰り返して行われることがない、販売諸努力である。(2)小売活動においては、面接的販売、広告活動、パブリシティを含む、顧客の購買を刺激するすべての方法である。[1)]」と定義されている。

また、プロモーションは、広義と狭義に分けられるが、一般に、マーケティング戦略におけるマーケティング・ミックス（製品・価格・チャネル・販売促進）の中のプロモーションは、広告、パブリシティとPR（Public Relations）、人的販売、狭義のプロモーションに分けられる。特に、広義のプロモーションには、広告、パブリシティとPR、人的販売があり、それ以外のプロモーション活動を狭義のプロモーションという。

1）American Marketing Association, *Marketing Definitions: A Glossary of Marketing Terms*, 1960.（日本マーケティング協会訳、『マーケティング定義集』日本マーケティング協会、1969年、51−52頁）。

本章では、特に、広義のプロモーションを、広告、パブリシティとPR、人的販売の視点で捉え、述べていく。

2. 販売促進の役割の変化 ―プロモーションからコミュニケーションへ―

今日の販売促進の役割は、インターネットの普及、SNSの利用の拡大、スマートフォンの利用者の増加などによるICT技術の向上や活用によって、急速に変化している。これまでの販売促進は、主として企業側からの一方通行的な消費者への情報提供であったものが、それらによって、比較的容易に企業と消費者の双方向の情報伝達が可能となった。つまり、販売促進の役割は、企業から消費者への一方的なプロモーションとしての役割から企業と消費者との双方向的なコミュニケーションとしての役割へと変化している。

また、企業価値や製品価値は、これまで企業がプロモーションによって一方的に作り上げてきたのに対して、プロモーション活動が企業と顧客とのコミュニケーション活動へと変化するにつれて、企業価値や製品価値も企業と顧客とのコミュニケーション活動によって共創されるようになった。このような流れは、ブランド価値の共創においても同様である。

3. プル戦略とプッシュ戦略

販売促進においては、広義のプロモーションである広告、パブリシティとPR、人的販売と狭義のプロモーションの最適な組み合わせ(「プロモーション・ミックス」あるいは「コミュニケーション・ミックス」という)によって最大の効果を上げる必要がある。その際、最適な組み合わせを考える上で重要となる戦略に、プル戦略とプッシュ戦略がある。

プル戦略とは、広告(TVコマーシャルやチラシなど)によって、消費者に自社の製品を認知してもらい、購買してもらえるように消費者を引き込む(Pull)戦略である。プル戦略は、広告によって消費者を当該商品に惹きつける戦略であるため、人を介さないという意味で間接的に消費者に購買を促す戦略であり、主に消費財が対象となる。

プッシュ戦略とは、店員、販売員、営業担当者などの人的販売によって自社の商品を消費者に購買してもらうよう押し込んでいく（Push）戦略である。プッシュ戦略は、人を介して消費者に当該商品の購買を促す戦略であるため、担当者の消費者への購買に向けての説得が何よりも重要である。また、人を介すという意味で直接的であり、生産財（産業材）、消費財ともに活用できる手法である。[2)]

第2節　広　　告

1.　広告の概念

広告（Advertising）とは、文字通り「広く告げる」ことである。また、P. コトラー氏は、広告とは、「有料の媒体を使って、提供者（企業）名を明示して行うアイディア、製品、サービスの非人道的提示とプロモーション[3)]」と捉えている。さらに、AMAによる定義では、広告とは「名前を明示したスポンサー（広告主）による、すべての有料形態の、アイディア、商品ないしサービスの非面接的な提示および宣伝である[4)]」とされている。つまり、広告は、有料であり、広告主が明示されており、非人的であるといえる。

2.　主な広告戦略に関する要素

主な広告戦略に関する要素には、広告目標の設定、広告予算の設定、広告媒体の決定、広告効果の設定がある。[5)]

---

2)　伊部泰弘「プロモーション戦略」片上洋編著、俵谷克美・伊部泰弘共著『マーケティング戦略の新展開』三学出版、2001年、141頁。岩永忠康『マーケティングの理論と実践』五絃舎、2012年、126頁。

3)　Phillip Kotler, *Marketing Management: Analysis, Planning, and Control*, 4th ed., Prentice-Hall, 1980.（P. コトラー著、小坂恕・疋田聰・三村優美子訳、村田昭治監修『マーケティング・マネジメント－競争的戦略時代の発想と展開－第4版』プレジデント社、1983年、388頁）。

4)　日本マーケティング協会訳、前掲書、19頁。

5)　岩永忠康『マーケティング戦略論 増補改訂版』五絃舎、2007年、130－133頁。伊部泰弘、前掲書、148－151頁。

(1) 広告目標の設定

広告の最終目標は、企業の長期安定的な最大利潤の追求にある。つまり、企業全体の目標であるとともにマーケティング全体の目標ともなる。そのため、マーケティング・ミックスを考慮する際におけるプロモーション・ミックスの設計段階において広告目標が設定される。また、目標は、具体的な広告対象によって異なる。製品広告は、消費者の購買を促すことを目標としており、企業広告は、消費者に当該企業のイメージを向上させ、愛顧的動機を促すことを目標とする。つまり、製品広告は、直接的に売上の増加を図る短期的目標が、企業広告は、ブランドや企業の名声を消費者に印象づけることで将来の売上増加を図る長期的目標が主目的になる。[6)]

(2) 広告予算総額の設定

広告目標が定められるとその目標を達成するために必要な経費である広告予算総額が設定される。この設定方法には、①売上高百分率法(前期の売上高に一定比率を乗じた額を広告費として計上したもの)、②販売単位法(商品1単位当たりの広告費を割り当てそれに目標売上数量を乗ずることで総予算を算出したもの)、③競争者対抗法(競合企業の広告予算や売上高広告費率を基準に決定したもの)、④支出可能額法(現在広告費として支出できる額を広告費総額とするというもの)、⑤任意増減法(経営トップの判断によってその時々で予算総額を増減するというもの)、⑥目標課題達成法(マーケティング目標を達成するための広告目標を設定したのち、広告活動の種類と規模を決定し、広告活動にどのくらいの費用がかかるかを予測するというもの)などがある。大きく分けると、①から⑤は、広告予算の総額を初めに決めてから各広告活動に振り分ける手法(ブレークダウン法)であり、⑥は、個々の広告活動に対して必要な予算額を積み上げて総額を決める手法(ビルトアップ法)である。[7)]

(3) 広告媒体の選択

広告予算が決定されると、どのような媒体を使って広告を行うかといった広

---

6) 岩永忠康、同上、131頁。

7) 電通編・嶋村和恵監修『新しい広告』電通、2006年、136-140頁。

告媒体の選択がなされる。広告媒体は、広告主が意図した情報やメッセージを対象者に知らしめるための伝達手段であり、広告主と対象者との間を媒介するコミュニケーション・ツールである。それには、放送広告（テレビ、ラジオなど）、印刷広告（テレビ、ラジオなど）の他、屋外広告（ビルの看板など）交通広告（電車・バスの駅構内や車内吊りなど）、POP 広告（人を惹きつけるための店舗内広告）、ネット広告（バナー広告[8]やフローティング広告[9]）などがある[10]。その中でもテレビ、ラジオ、新聞、雑誌をマスコミ４媒体（表 6-1）といい、それぞれの媒体特性を活かした広告戦略が求められるため、各媒体を広告訴求者や広告内容に合わせて利用すべきである。

表６-１　マスコミ４媒体の特性

媒　体	長　所	短　所
テレビ	・映像、音声、動きの総合的組み合わせにより、視覚と聴覚の両方に訴求できる ・注目率が高い ・到達範囲が広い ・同時性・即時性がある	・費用が高い ・瞬時的で広告寿命が短い ・視聴者の受信の選択性が小さい
ラジオ	・地域や聴取者層の選択性が高い ・多数の人々を対象にできる ・テレビに比べて費用が安い ・同時性・即時性がある	・聴覚への訴求しかできない ・瞬時的で広告寿命が短い ・テレビより注目率が低い
新　聞	・地域的な選択性が高い ・タイムリーな広告メッセージを送れる ・地域市場のカバレッジが高い	・印刷の質が雑誌や DM にくらべて劣る ・広告寿命が短い ・広告メッセージの閲覧率が小さい
雑　誌	・地域や読者層の選択性が高い ・広告寿命が長い ・閲覧率が高い	・広告が掲載されるまでに時間がかかる ・発行部数と購買部数が一致しない ・メッセージ・コピーの修正や変更についての弾力性がない

出所：来住元朗「広告管理」三浦信・来住元朗・市川貢『新版マーケティング』ミネルヴァ書房、1993 年、230 頁。

8)　バナー広告とは、ネット上で、画像やアニメーションを使って表現される広告である。

9)　フローティング広告とは、ネット上で、他のコンテンツに重なって表示される広告である。

10)　小川孔輔『マーケティング入門』日本経済新聞社、2009 年、454−455 頁。

(4) 広告効果の測定

媒体を通じて行われた広告活動によってどの程度広告目標が達成できたのかといった広告効果を測定する必要がある。また、その結果をフィードバックし、次回の広告戦略を検討する際に目標の設定、予算の設定、媒体の選択に役立てる必要がある。特に、目標の達成度合いをみるための指標としては、売上高効果とコミュニケーション効果がある。売上高効果とは、広告が売上に対する貢献度合を示したものであり、コミュニケーション効果とは、広告によって引き起こされた消費者の心理的変化の度合いを示す[11]。

第3節　パブリシティとPR

1. パブリシティの概念と種類

パブリシティ(Publicity)とは、広告とは違い、P. コトラー氏は、「新聞・雑誌などにニュースとして扱われたり、無料でテレビやラジオで好意的なプレゼンテーションを受けるといった方法による製品やサービス・事業体に対する非人的な需要喚起[12]」と捉えている。例えば、企業が新製品の発売や新事業を始めるにあたり、プレスリリースなどによってニュース性や記事性があると媒体が判断した場合、マスコミ4媒体やインターネットを利用して記事として報道される手法のことである。

パブリシティのメリットとしては、企業側にとっては、①広告と異なり無料で媒体を使って企業や製品を宣伝してもらえる。②社会で信頼されている媒体であれば、第三者機関としての情報提供であるため、受け手に対して、情報の信ぴょう性や信頼性を与えることになる。③パブリシティがもつ信頼性や中立性といった特性を念頭に置いて予算的に制約のあるプロモーション活動を補完するように、パブリシティを有効に利用することで、効率的、効果的にプロモー

11) 来住元朗「広告管理」三浦信・来住元朗・市川貢『新版マーケティング』ミネルヴァ書房、1993年、224頁。
12) P. コトラー、前掲訳書、385頁。

ション効果を上げることができるなどが挙げられる。

一方、パブリシティのデメリットとしては、企業側から得られた情報をいつどのように報道するか、または使用するかは媒体側に依存されるため、企業側が意図した効果が得られない場合や、あるいは逆効果になる報道がなされたり、使用されたりすることもあるといったことなどが挙げられる。[13)]

また、パブリシティの情報には3種類がある。[14)]第1は、ニュース・パブリシティである。これは、経営の重要事項に関しての情報（企業のトップの交代や人事異動、業績予想など）である。第2は、製品パブリシティである。これは、製品に関しての情報（新製品の開発動向、販売価格、消費者の製品評価など）である。第3は、サービス・パブリシティである。これは、サービスに関しての情報（企業主催の公開セミナーや生活情報など）である。

2.　PRの概念と特徴

PRとは、前述のとおり、"Public Relations"の略語である。また、PRは、パブリック（公衆）との関係を良好にすることを目的としたコミュニケーション活動でもある。それは、従業員や従業員の家族などの企業内公衆と株主・顧客・地域住民・政府などの企業外公衆に分けられる。[15)]つまり、それは企業との利害関係者（ステークホルダー）との関係性づくりに活用される。また、PRは、広告と異なり、企業や製品を宣伝する活動ではなく、広報（Public Information：企業、行政、各種団体あるいは個人による大衆に向けての情報発信）やIR（Investor Relation：企業の投資家に向けての経営状況や財務状況などの情報発信）といった形で行われる。また、情報提供という意味でパブリシティとして取り上げてもらえるよう仕向ける活動ともいえる。

13）伊部泰弘、前掲書、152頁。
14）日本マーケティング協会編『マーケティング・ベーシックス』同文舘、1995年、181頁。
15）坂本秀夫『現代マーケティング概論』信山社、2005年、122頁。

第４節　人的販売

1. 人的販売の概念

人的販売（Personal Selling）とは、人が関わる販売活動であり、AMAによると「販売を実現することを目的として１人またはそれ以上の見込顧客との会話によって口頭の提示を行うこと[16]」である。つまり、それは直接的なコミュニケーション活動を通して、販売員から見込顧客へ商品やサービスについての情報の伝達や購買の説得を目的として行われる販売促進活動である。また、人的販売は、広告宣伝を通じて行われるプル戦略ではなく、販売員や営業担当者の口頭や動作を通じて行われるプッシュ戦略である。

2. 人的販売の種類

販売員や営業担当者が行う人的販売にはさまざまな手法があるが、ここでは、機能別、取引対象別、製品別の３つに分けて捉える[17]。

(1) 機能別人的販売

機能別人的販売には、創造的人的販売、維持的人的販売、支援的人的販売がある。これらの人的販売が、個別に行われることもあれば、小売店頭で同一販売員によって同時に行われることもある。創造的人的販売は、オーダー・ゲッター（Order Getter）と呼ばれており、主として潜在的需要を発見し、それを新たな顧客へと顕在化させる活動である。維持的人的販売は、オーダー・テイカー（Order Taker）と呼ばれており、既存の取引関係の維持が中心的業務になり、配達、注文、補充、事務的業務あるいはディーラー・ヘルプス（販売店支援）などを行う。支援的人的販売は、原則的に注文活動を行わず、販売における支援のみを行う活動である。その販売における支援活動を行う人には、技術的な説明を行うセールス・エンジニアや卸売業者のために自社製品の注文をとるミッ

16）日本マーケティング協会訳、前掲書、44頁。
17）日本マーケティング協会編、前掲書、178−180頁。

ショナリー・セールスマン[18]などがいる。

(2) 取引対象別人的販売

取引対象別の人的販売は、販売業者への人的販売（営業活動）と消費者への人的販売（セールスマン活動）がある。販売業者への人的販売は、製造業者側から卸売業者や小売業者などの販売業者への営業活動を意味する。特に、製造業者の販売業者への関与の度合いによって業務内容が異なる。その関与が強い場合、販売業者の経営問題にまで関わることもあり、ディーラー・ヘルプスが中心となる。その関与が弱い場合、自社製品の取引の拡大が目的となり、リベート[19]やアローワンス[20]、販売促進のための資材提供といった販売促進活動が中心となる。また、ほとんど関与していない場合は、小売店との交渉は、卸売業者に委ねられるため、もっぱら卸売業者との交渉が中心となる。消費者への人的販売は、消費者に対するセールスマン活動であり、訪問販売などによる活動である。生命保険、教育教材などのサービス業や自動車ディーラー、化粧品業界などで多くみられる。

(3) 製品別人的販売

製品別人的販売では、生産財（産業材）人的販売、消費財人的販売、サービス人的販売がある。生産財（産業材）人的販売は、製品知識が豊富な特定の企業や官公庁に向けた人的販売であり、セールス・エンジニアを必要とする。またアフターサービスなど維持的活動も重要である。消費財人的販売は、不特定多数の消費者が対象となるため、創造的活動が高くなり、オーダー・ゲッターの育成が必要である。サービス人的販売は、サービス財を扱う企業が行う人的販売であり、消費財と同様、不特定多数の消費者が対象となるため、オーダー・ゲッターの育成が必要である。

---

18) その代表例として、医薬品業界でプロパーと呼ばれているMR（Medical Representative：医療情報担当者）がいる。

19) リベート（割戻し）とは、製造業者が取引先との取引契約に基づいて、一定期間の売上高、取引数量や額に応じて支払金額を返金したり、減額すること。

20) アローワンスとは、製造業者が製品の販売促進目的で取引先に支払う協賛金のこと。

3. セールスマンの役割

営業担当者などのセールスマンは、販売促進活動で中心的な役割を担っており、その役割や責任も複雑多岐にわたる。その役割を5つにまとめてみる。[21)]

第1は、本来の販売活動を遂行するために、市場創造や市場開拓といった創造的販売活動を担うという役割がある。

第2は、単なる販売担当者ではなく、市場を分析・理解する能力をもったフィールドマンとしての役割を担う。

第3は、消費者に製品についての的確な技術情報を提供したり、使用上の助言を行うセールス・エンジニアとしての役割がある。

第4は、製品の販売に付随した多種多様なサービスを提供するため、それらの知識をもち、正確に伝えるセールス・コンサルタントとしての役割がある。

第5は、自己の担当地域を1つの企業のように運営し、自己の時間と費用を効率よく使用することで収益に貢献するアカウント・マネージャーないし財務アドバイザーとしての役割を担う。

セールスマンは、以上の5つの役割を担いながら、企業の収益向上のための販売促進活動に貢献する。

21）岩永忠康、前掲書、2012年、137−138頁。

第７章　狭義の販売促進戦略

第１節　狭義の販売促進戦略の意義

前章で取り挙げた広義の販売促進戦略である全国の消費者に向けて行われる広告や購買意思決定に直接影響する人的販売などを補完・強化する手段として、狭義の販売促進戦略は位置付けられる。市場競争の激化における価値の実現に向けて、販売促進戦略の浸透が細部まで求められる際にそれは有効となる。

狭義の戦略の目的は①需要の喚起・刺激、需要の創造、②販売抵抗の除去、③商品または店舗に対するロイヤルティの促進、④販売促進の調整などがある[1)]。それらは広義の戦略を下支えする戦術的位置付けにある。以下の節で具体的に説明する。

第２節　社内に向けて

マーケティングは社外、特に、消費者に向けて遂行される活動であるため、社内に向けての活動は経営学に包含される領域であるとも言える。しかし、販売促進戦略全体を有効に機能させるため、社内向けの販売促進的活動も含まれる。商品開発部門、製造部門、経理部門、販売部門、営業部門、広告部門などの活動を有機的に統合しなくてはならない。企業組織が大規模化すると官僚的側面が強められ、円滑な全社的行動が阻害されるからである。狭義の販売促進戦略の具体的活動は戦術的側面があると先述したが、各部門間の調整は戦略的

---

1)　鈴木孝「セールスプロモーション戦略」宇野政雄編著『最新マーケティング総論』実教出版、1985年、120-121頁。

活動である。

販売会議により各部門の調整を行う。具体的には、新規市場開拓会議、新規チャネル開拓会議、販売割当達成会議など、その実際は多様である。

人的販売の支援手段として、販売の手引書であるセールス・マニュアルがある。これは販売・接客サービスを標準化するためではなく、商品に関する多様な情報を整理したものである[2)]。例えば、修理依頼先、使用方法の問い合わせ先、付属部品、商品の耐用年数や性能上の特質などの情報である。

人的販売の促進手段として、販売意欲と販売技術の向上を目的とする社内コンテストが開催される。具体的には、研究発表コンテスト、販売実績コンテスト、アイデア・コンテスト、販売改善コンテストなどがある。これらの活動はライバル意識を過度に強め、社内の雰囲気を悪化させる可能性もある。協力関係構築への逆効果となる恐れもある。販売実績コンテストにおいての表彰の在り方を十分検討しなくてはならない。他のコンテストは販売実績向上に関するさまざまな工夫に対して表彰するものであり、多様な視点からの評価が重要である。極端に言えば、全ての従業員が表彰されてもよいであろう。例えば、販売実績は悪くとも、いつも元気を周りに与える行動を評価することがあってもいいのではないか。最終的には従業員全てが互いに認め合う組織作りが重要である。

さまざまな活動を企業全体に認知させるために、継続発行される印刷物、社内向けハウス・ブォーガンは企業風土・文化の形成のためにも重要である。特に、販売促進活動が積極的になされている様子が伝わることはそれに携わらない従業員に対する動機づけとなる[3)]。

第3節　販売業者に向けて

販売業者に対する販売促進活動は特に重要である。製造企業は商品を生産す

---

2)　拙稿「サービスの生産管理」松井温文編著『サービス・マーケティングの理論と実践』五絃舎、2014 年。

3)　鈴木、前掲書、131–132 頁。

るものの、その販売を販売業者に任せなくてはならないからである。社会的分業は流通全体の効率性を高めるが、複数の経済主体が１つの商品流通に係わり、各主体が自社の利益の確保を優先するため、マーケティングの意図・目的の貫徹は容易ではない。マーケティングが最も強力に推進される系列化政策においても、営業能力の高い販売業者は競合他社に引き抜かれる可能性があり、戦略的な視点による判断が求められる。

以下に紹介する活動は基本的に、系列システムもしくは閉鎖的流通システムで採用される。ディーラー・コンテストは販売業者を対象とした自社商品に対する販売意欲の増進を目的とする。売上高コンテスト、陳列コンテスト、接客技術コンテスト、POP コンテスト、チラシ・コンテストなどがある。過度の社内向け販売促進活動はライバル意識の増長につながるが、ディーラー・コンテストはテリトリー制度によって競争関係が排除されているため、良好な関係の下での切磋琢磨の機会となる。全国各地からの参加により、さまざまな情報交換の場ともなる。

ディーラー・ヘルプスは経営や店舗管理に対する指導・援助、従業員教育・訓練、資金援助、情報提供などにより、各販売業者を経営者的視点から支援するシステムである。これはマーケティングを末端まで貫徹するための活動である。トヨタ自動車のレクサス各店舗はトヨタ系列の自動車ディーラーの中から経営権が獲得される。最高級ブランドであるレクサス店に配属される従業員の教育はトヨタ自動車本社が管理する教育施設にて実施される[4)]。

店頭販売助成は小売店頭での販売に直接関わる支援活動である。POP 広告材料の提供、陳列用具の提供、推奨販売員の派遣などである。ディーラー・ヘルプスに対して、店頭販売助成は現場レベルでの支援となる。化粧品流通はその代表である。

アローアンス提供は特定の拡販努力に対する報奨として現金が支給される。例えば、新商品販売当初、消費者の目に留まることは重要であるため、陳列ア

4)　トヨタ「富士レクサスカレッジ」、http://response.jp/article/2005/04/18/69942.html。

ローアンスが提供される。宣伝広告アローアンスもある。

条件付帯出荷は特別な条件を付帯させての出荷システムである。ディーラー・プレミアムの例として、旅行・イベントへの招待、物品・現金プレミアムなどがある。特別出荷の場合、出荷量よりも少ない量の価格にて出荷する内増し付出荷、現金割引出荷などがある[5)]。

第4節　消費者に向けて[6)]

以下にある消費者に向けての活動は広く一般的に認知されており、狭義の販売促進活動の中にあって、消費者の購買意欲を直接的に押し上げる。大量生産された商品は消費者が至る所の小売店でみかける。それはブランドの認知を広める。しかし、小売経営者からすれば、競合店でも同じ商品が販売される可能性は高い。経済的に合理的な判断をする姿勢、経済合理性に従えば、同じ商品であるならば、購入時の効用が高い方を消費者は選択する。商業の原理ではそれは低価格に導かれる。ところが、消費者にとっての効用は低価格だけではなく、小売店でのさまざまな要素にも存在する。他店よりも高い価格であっても消費者は積極的に購買する可能性は十分にある。しかし、その活動主体は小売企業であり、その費用は製造企業が負担しない場合もあり、マーケティングの末端における活動であるものの、小売店間の競争に係わる費用と認識されることもある。

アフターサービスは典型例である。これは商品販売後に提供されるサービスであるが、例えば、自動車の修理サービスは「サービス」という用語で表現されるが、それは価格が設定されたサービス商品であり、販売促進活動とは言えない。しかし、実質的には消費者に対する販売促進の効果が発揮されることもある。販売促進活動と明確に認識されるものとして、無料による一定期間内の品質保証サービスや修理サービスがある。それらは消費者にとって、単なる効

5)　鈴木、前掲書、126-128 頁。
6)　岩永忠康編著『マーケティングの理論と戦略』五絃舎、2015 年、141-142 頁。

用になるだけではない。経営側の視点からすれば、それは販売後の消費者との関係性維持のための機会となる。無料サービス提供時における消費者との接点は最も強力な人的なアプローチを可能にする。

サンプリングは日常的な活動の1つである。それは購入経験のない消費者に向けて、基本的には新商品の試用・試食を促す。添付サンプリング、店頭サンプリング、メディア・サンプリング、ダイレクトメール・サンプリングなどがある。サンプリングはアフターサービスとは異なり、提供されたモノ自体のみに効用がある。

消費者プレミアムは消費者を直接的に引き付ける手段として、商品に付随して提供される経済的利益付販売である。景品付販売、懸賞付販売、クーポン付販売などがある。景品付販売は景品自体が魅力となり、商品は捨てられ、景品だけ収集されるという事態を招くこともある。

値引きは小売店での一般的な販売促進方法である。価格を変更することなく、内容量を増量する場合も値引きと認識される。ただし、増量は製造企業によってなされることも多く、そのような場合、マーケティングの末端活動と認識される。

消費者教育は工場見学、各種講習会、展示会・実演などがある。明確な区別は困難であるが、接客サービス提供時に消費者教育がなされることもある。競合商品との差異を明確にするための説明はこれに該当する。

消費者コンテストは自社主催によるクイズ形式、コンクール形式、アンケート形式などによるコンテストにおいて、消費者の購買意欲を高めようとする。

スタンプは商品購入時に金額や数量に合わせて押印することにより、一定程度それがたまれば割引券や景品などが提供される。

＊松井の原稿について、私も含め多くの研究者が懇切丁寧なご指導を頂いています岩永忠康先生による編著『マーケティングの理論と戦略』（五絃舎、2015年）に収められた岩永先生がご担当されました「プロモーション戦略」を土台として、筆者が本章を作成しました。

第 8 章　流通経路

第 1 節　流通経路の必要性と役割

製造業者は、自社で生産した製品をどのような流通経路（流通チャネル）を通じて消費者に購入してもらうかを考え、小売業者は、どのような商品をどのような流通経路を通じて仕入れを行うかを考える必要がある。

流通経路には、図 8-1 に示した通り、物の流れ（物流）、情報の流れ（情報流）、取引の流れ（商流）の 3 つの流れ（フロー）が存在する。

まず、物流とは、製品が消費者の手に届くまでの物の流れを指す。また、物流は、生産者（製造業者）の生産（製造）と消費者の消費における場所（place）の隔たり（ギャップ）や時間（time）の隔たりを解消してくれている。例えば、魚や野菜は取れるところが全く違っているが、消費者は、わざわざ収穫地へ出向かなくても、購入したい時に近所のスーパーマーケットで 1 度に購入する事が出来る。それは、魚や野菜を「輸送」してくれる機能や一時的に「保管」する場所が提供されているからに他ならない。こうした、場所的・時間的隔たりを埋めてくれる役割が物流である。

次に、情報流とは、生産者には、どのような製品があり、それは消費者にどのような価値をもたらすものかといった情報があり、消費者は、どのような製品をどのタイミングで欲しているかといった情報がある。そのため、各々の立場がもつ情報は、何らかの形で相互に伝え合わなければ、その情報についての価値は発揮されなくなってしまう。そのような作り手と買い手の情報についての隔たりを埋める役割が必要になってくる。その役割を果たし、情報の流れを管理していくのが流通経路である。

図８-１　流通経路における３つの流れ

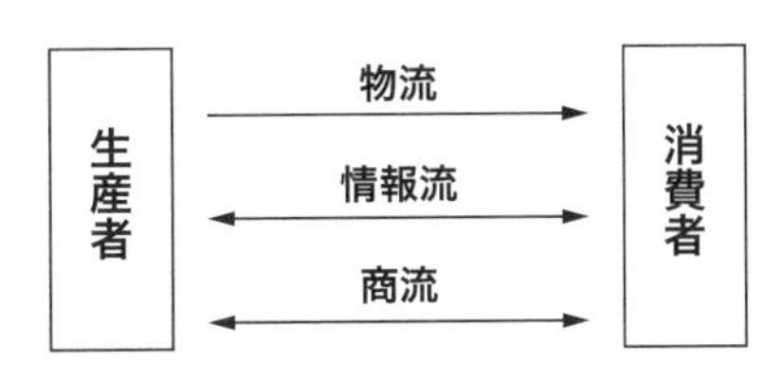

出所：石井淳蔵・栗木契・嶋口充輝・余田拓郎『ゼミナール マーケティング入門』日本経済新聞社、2004年、85頁及び鈴木安昭『新・流通と商業（第５版）』有斐閣、2010年、6頁を参考に筆者作成。

最後に商流とは、生産者から消費者に商品が売買（取引）されるまでの流れをいう。生産者は、物流を通じて、物を消費者まで届け、消費者は、物の代金を支払うことで売買（取引）が成立する。つまり、商流では、生産者から消費者への所有権の移転が行われる。

第２節　流通経路の各形態

1.　流通経路の階層性

流通経路については、生産者の生産と消費者の消費における時間や場所あるいは形態（form）といった隔たりを解消する役割がある。また、日本における消費財の流通経路は、一般に多段階を特徴としており、卸売業者が多数介在している。消費財の流通経路の階層性は、次のように４つの形態に分類できる。[1)]

①０段階経路：生産者（製造業者）⇒消費者

②１段階経路：生産者（製造業者）⇒小売業者⇒消費者

③２段階経路：生産者（製造業者）⇒卸売業者⇒小売業者⇒消費者

④３段階経路：生産者（製造業者）⇒一次卸売業者⇒二次卸売業者⇒小売業者⇒消費者

このような生産者と消費者の間に何段階の流通業者が介在するかによって流

1)　拙稿「マーケティング」伊部泰弘・今光俊介編『現代社会と経営（増補版）』ニシダ出版、2011年、46頁。

通経路の長さが決定する。

2. 直接流通チャネルと間接流通チャネル

流通経路は、通常、図 8-2 のように直接流通チャネルと間接流通チャネルに分けられる。直接流通チャネルは、①0 段階経路のように生産者が直接消費者に販売する、つまり、中間流通を通さない経路である。直接流通チャネルは、生産者が消費者と直接接触するため、情報伝達の確実性、商品流通の迅速性といったメリットがあるが、生産者と消費者の数が増大すると「取引数最小化の原理」[2] に反して流通コストが嵩むといった不利益も存在する。[3]

図 8-2 直接流通チャネルと間接流通チャネル

流通経路
直接流通チャネル — ①0 段階経路
間接流通チャネル — ②1 段階経路 ③2 段階経路 ④3 段階経路 ・ ・ ・

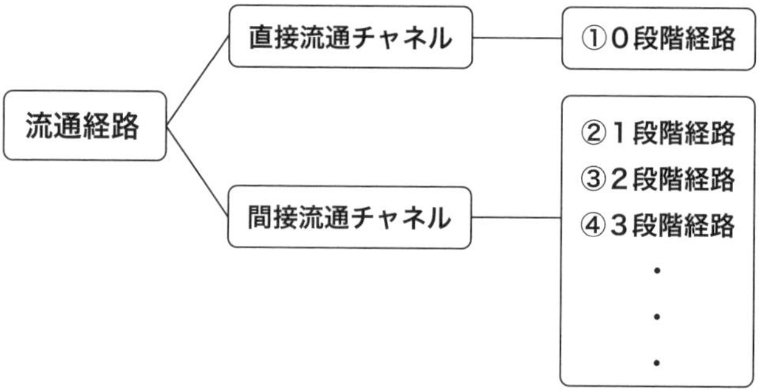

出所：筆者作成。

一方、間接流通チャネルは、②1 段階経路、③2 段階経路、④3 段階経路のように卸売業者や小売業者が介在することで多くの消費者に生産物（製造物）を流通させることができるため、販売機会を拡大することが可能となる。また、「取引数最小化の原理」を活用して全体としての流通コストの削減に貢献でき

2） 取引数最小化の原理とは、生産者（製造業者）と消費者が直接取引するよりも、卸売業者や小売業者などの中間流通が介在することで流通コスト全体の節約になる事。例えば、流通経路に生産者 3 人（社）に対して消費者が 4 人いるならば、3×4=12 通りの取引が必要になるが、小売業者が 1 社介在することによって、3+4=7 通りの取引で済むために全体で流通コストを下げる事ができるとする原理（考え方）である。

3） 矢作敏行「変容する流通チャネル」田島義博・原田英生編『ゼミナール 流通入門』日本経済新聞社、1997 年、306-307 頁。

る。しかし、当該流通経路における介在者が増えるほど、介在者が得る利益が最終価格に転嫁されることにより、最終消費者が支払う価格が高くなる恐れがある。また、生産物が消費者に届くまでに時間が掛かってしまうなどのデメリットも存在する。そのため、企業は、ダイレクト・マーケティングや訪問販売といった直接流通チャネルを選択するか、卸売業者や小売業者を介在させる間接流通チャネルを選択するかあるいはその双方を行うかを慎重に考慮する必要がある。

3. 間接流通チャネルの３類型

間接流通チャネルにおいては、一般的に組織的な取引関係の統合の度合いに基づき、次の 3 つに分類される[4)]。

(1) 企業型システム

生産（製造）段階や流通（卸売・小売）段階において特定の企業によって資本・人的に統合されているシステムであり、下記 2 つのシステムと比較して、組織的な取引関係の度合いが最も強いシステムである。具体的には、多くの自動車関連企業は、自社の卸売部門として販売会社を設立・運営している。また、製造業者が直接、小売部門（直営店）を運営する場合もある。このようなシステムは、流通部門を内部化するため、流通コストを削減するメリットがあるが、販売会社や直営店は、製造業者の意向が強く反映されるため、取扱商品や経営方針において自由度が少なく柔軟な対応ができないなどのデメリットも発生する。

(2) 契約型システム

生産段階や流通段階に関わる各企業は、独立しているが、契約によって組織的な取引関係を結んでいるシステムである。具体的には、ボランタリー・チェーンとフランチャイズ・チェーンがある。ボランタリー・チェーンには、本部が

---

4)　同上書、309-312 頁。浦上拓也「マーケティング・チャネル」宮澤永光・城田吉孝・江尻行男編『現代マーケティング–その基礎と展開』ナカニシヤ出版、2009 年、178-179 頁。

卸売業者主宰あるいは小売業者主宰である場合の２つの形態があるが、大規模小売業者に対抗するため、いずれも複数の中小小売業者が独立した経営を維持したまま、加盟店となり、商品の共同仕入れ及びプライベート・ブランド商品の共同販売を目的として組織化・協同化されるチェーン・システムである。

加盟店のメリットは、共同仕入れによる規模の経済の発揮、本部に集中的に集められた情報の加盟店へのフィードバック、本部から加盟店への利益還元などがある。反面、加盟店の自由度が高い分、協業意識が低くなりがちであり、チェーン全体としての競争力が低下してしまうため、市場競争力を如何に高めて行くか、また加盟店の業績如何によっては撤退も考えられるため、加盟店数を如何に維持していくかといったことが課題として挙げられる。

フランチャイズ・チェーンは、本部（フランチャイザー）と加盟店（フランチャイジー）が契約によって組織化されるチェーン・システムである。本部は、加盟店に対して、商標や看板の使用を認め、商品の供給、経営指導などを行う。また、加盟店は本部に対して、それらの見返りとして加盟金やロイヤルティ（経営指導料）を支払う契約を取り交わすことになる。本システムにおける本部側のメリットとしては、幅広い人材の獲得、加盟金やロイヤルティの徴収による安定した収入源の確保、自己資本ではなく他人資本による容易な多店舗展開などが挙げられる。一方、デメリットとしては、本部直営（レギュラー・チェーン）ではないため、加盟店の統制が困難であったり、加盟店側からのイメージの悪化やノウハウの漏えいなどがある。

また、加盟店側におけるメリットは、本部のシステムやブランドやノウハウを使用して比較的容易に開業が可能、本部からの様々な支援（会計処理や情報収集、広告宣伝など）を受けられることによるコストの軽減などがある。一方、加盟金やロイヤルティの支払い義務の発生、本部からの統制により地域特性に合わせた商品の販売が出来ないなどのデメリットもある。特に、本部と加盟店との関係性を上手く構築できるかが課題となる。

(3) 管理型システム

生産段階および流通段階において、各企業は、独立しているが、当該システムのリーダーがマーケティング・プログラムを提示し、構成員が、リーダーによって統制・調整・管理されるシステムである。本システムが、上記2つのチャネルシステムと比較して組織的な取引関係の統合の度合いが最も低いシステムである。コンビニエンスストアとお弁当加工業者との取引関係やスーパーマーケットと加工食品、日用雑貨品メーカーなどとの取引関係において見られるシステムである。構成員の共通目標や活動統制はかなり限定的なものとなるため、リーダーのコスト負担が少なくて済む。

4.　流通経路設計の3類型

流通経路の設計においては、製品によって効果的な経路選択が必要となり、通常、次の3つの形態から経路選択を行う。

(1) 開放的流通チャネル

当該製品をできるだけ多くの業態で扱ってもらうために選択される経路形態であり、多くの流通業者が関わることになる。具体的には、チョコレートやスナック菓子、ペットボトル入り茶系飲料や日用雑貨品の多くは、不特定多数の消費者を標的目標として販売されるため、スーパーマーケットやコンビニエンス・ストア、ドラッグ・ストア、ディスカウント・ストアなどさまざまな業態で取り扱ってもらった方が、購買機会が増加するため、経路を限定せずにできるだけ多くの経路を選択することになる。

(2) 選択的流通チャネル

当該製品を扱う流通業者が、ある程度選択される経路形態である。経路を選択する事で当該製品のブランド・イメージを守ったり、確実に利益が確保できる。具体的には、衣料品や家電品の業界で採用される経路形態である。メリットとして、開放的流通チャネルと比較し、製造業者の経路管理の容易さや販売業者の選択されることによる販売意欲の向上などが挙げられる。[5)]

5)　浦上拓也、同上書、176頁。

(3) 排他的流通チャネル

当該製品のみを扱う流通業者だけを構成員にする経路形態である。特定地域で当該製品を独占的に販売する権利を与え、当該製品のブランド・イメージの保護などを行う。具体的には、自動車業界や高級ブランド品の専門店などが該当する[6]。販売店が制限されるため、当該製品の希少価値向上にも役立つ。

第3節　流通系列化

製造業者特に消費財メーカーは、マーケティング戦略として卸売業者や小売業者を選択し、自社製品を有利に取り扱ってもらえるように仕向けるために、グループ化しようとする戦略を取ることがある。これを流通系列化という。また、流通系列化には、いくつかの形態がある[7]。

1.　流通系列化の形態

(1) 代理店・特約店制度による流通系列化

代理店・特約店制度による流通系列化は、卸売の段階での統制が、契約型システムや管理型システムが採られ、比較的緩やかな組織統合が行われる。加工食品や日用雑貨品などの業界において見られる。代理店とは、特定の企業同士が契約を結び、特定期間において販売を代理する流通業のことである。また、特約店とは、特定のメーカーが特定の流通業に対して、販売において特定地域の独占的権利を与える契約を結んでいることである。また､特に特約店制度は、製造業が卸売業を選定し独占的に販売権を与えるという卸売段階の系列化を指すことが多い。

(2) 販社型流通系列化

販社型流通系列化は、製造業者が卸売段階を統合する企業型システムが採られている。そのため、卸売業者は、製造業者の専属の販売会社となることが一

6)　同上書、177頁。
7)　矢作敏行、前掲書、317-319頁。

般的であり、資本や人的統合が強い形態である。具体的には、家庭用合成洗剤業界で採られている。

(3) 一貫型流通系列化

一貫型流通系列化は、製造業者が卸売段階を統合し、販社化するだけでなく、小売段階にも積極的に関与する事が多い。つまり、卸売段階は、企業型システムが採られ、小売段階では、契約型システムや管理型システムが採られているが、組織の統合化の度合いは、販社型と直販型の中間に位置づけられる。具体的には、家電業界や化粧品業界において見られており、店舗や売り場における統一イメージ作りや取扱製品の制限などを行う。

(4) 直販型流通系列化

直販型流通系列化は、製造業者が卸売段階を完全に内部組織化しており、自社の営業部門が直接小売店に販売し、小売段階の管理・統制を行っている。つまり、卸売段階は、企業型システムが採られ、小売段階では、契約型システムや管理型システムが採られている。具体的には、自動車、新聞、一部の医薬品メーカーが該当する。特に、自動車や新聞では、小売業段階においての統制が厳しく、専売制（他社製品の取り扱いを厳しく制限する制度）が採られている。

2. 流通系列化を支える取引制度

製造業者は、流通系列化を進めるために流通段階において様々なメリットを享受できるような取引制度を導入してきた。そのなかで、リベート制、一店一帳合制、テリトリー制、建値制について取り上げる。

リベート制とは、割戻しとも言われ、売り手が販売を終了した時点で、販売代金の一部を払い戻す制度である。リベートの支給方法は、取引額に応じた定率的リベートや販売量に応じて累進的に支給する数量的リベート、また、臨時で支給されるスポットリベートなどがあり、製造業者が自社製品を流通段階で有利に扱ってもらうことを目的とした取引制度である。

一店一帳合制とは、製造業者が、卸売業者に対して販売先を特定の小売業者に限定するとともに、小売業者に対しては、特定の卸売業者から仕入れることを限定させる制度である。これは、製造業者が、自社の流通段階を統制しやすくするための制度であるが、流通段階の自由競争を阻害し、価格統制を行う目的でこの制度を利用した場合、独占禁止法の不正取引に抵触する可能性があり、慎重に利用する必要がある。

テリトリー制とは、製造業者が流通業者に対して自社製品の販売地域を制限し、特定地域の専売権を与える事で効率的な販売活動を行うための制度である。

建値制とは、製造業者が自社製品の標準的な卸売価格や小売価格を設定する制度であり、「メーカー希望小売価格」などと呼ばれてきた。しかし、量販店やディスカウント・ストアの台頭により建値制が崩壊し、「オープン価格制」が主流となっている。

3. 流通系列化見直しへの動き

流通系列化は、製造業者が、流通段階を統制することで自社製品の価格維持や効率的な販売を目的に採られてきた政策である。しかし、同時に公正な競争が阻害される危険性があり、大きく見直しが迫られている。「建値制」から「オープン価格制」への移行は、その動きを如実に表している。

特に、中小小売業に代わり、量販店やカテゴリーキラーやディスカウント・ストアなどの新業態の台頭・成長は、価格競争を激化させ、結果、製造業者が望む価格の統制が出来なくなってしまった。その背景には、バブル経済崩壊以降の消費者の消費行動の変化（安くて良いものの選択や比較購買ができる量販店利用者の増大など）やメーカー主導から小売主導へと流通主導権の変化（バイイングパワー＝仕入力を背景として量販店が流通の主導権を握る）といった動きがある。こうした変化により、系列店の衰退を招き、流通系列化政策は見直しを迫られており、流通再編が加速している。

第４節　変化する流通経路政策

1.　製造業者と流通業者の協調関係 ―「取引」から「取組」へ

流通系列化政策は、実質的な製造業者の流通段階の「取引」関係の支配を意味し、製造業者のパワーが発揮された政策であった。しかし、大手スーパーなどの大規模小売業が台頭するにつれ、廉売や乱売などを行う小売業が出現し、製造業者が思うような価格支配が出来なくなってしまった。そこで、家電メーカーなどの大規模製造業者は、当該小売業者への出荷を制限したり、取引を停止するなどの対策を採るようになり、大規模製造業者対大規模小売業者というパワーの対立を生じさせ、激化させて行くことになる。

しかし、前述した製造業者を取り巻く環境の変化により、流通系列化を押し進めてきた製造業者は、政策転換を迫られ、次第に、パワーをもつ大規模小売業者との間で情報の共有化やプライベート・ブランド開発などを積極的に行うようになった。つまり、製造業者と流通業者は、これまでの対立関係から生まれる「取引」関係ではなく、協調関係から生まれる「取組」関係へと移行してきているのである。

2.　多様化する流通経路政策 ―製販提携の進展

製造業者と流通業者の関係が「取引」関係から「取組」関係へと変化するにつれて、これまでのように「パワーの対立」の概念から「Win-Win の協調」の概念で捉えられるようになり、製造業者の流通経路政策は大きく転換してきている。そのような動きの１つに「製販提携」(戦略的提携、パートナーシップなどと呼ばれる事もある) という動きがある。

その「製販提携」が注目されたきっかけは、世界最大の小売業であるアメリカのウォルマートと日用雑貨品メーカーの P&G が行った「製販提携」である。これは、ウォルマートから提供される POS データに基づき、P&G が生産計画を調整し、ウォルマートの配送センターに直接工場から在庫補充する仕組みを構築した。この結果、「ペーパレス取引、在庫リスク・費用の削減」といったメリットが両社にもたらされ、ウォルマートの「エブリディ・ロー・プライス」(毎日お買い得価格の提供)政策の実現を促した[8)]。

その他にも、セブン-イレブンやイオンの物流システムや商品開発において、大規模製造業者との「製販提携」が見られている。

また、衣料品の分野で、製造と小売の双方の機能をもつ製造小売業(SPA業態)なども新たな業態として登場している。「製販統合」の1形態であり、製造業が小売業に進出する場合と小売業が製造業に進出する場合がある。

このような「製販提携」や「製販統合」が進展する背景には、インターネットを活用した情報の共有化やEOS(電子受発注業務システム)を利用した在庫管理によって、より実需に近い形での生産・販売管理が可能となっていることがある。また、SCM(サプライチェーン・マネジメント)のように流通経路の構成員全体の最適化を図るマネジメント・システムの導入なども流通経路の多様化を加速化させる要因となっている。

第5節　最適化への展望

本章では、流通経路の基礎理論に関して述べてきた。流通経路の必要性と役割や流通経路の形態すなわち階層性、直接流通チャネル・間接流通チャネルによる分類、間接流通チャネルにおける取引関係の統合度合いによる分類、流通経路設計による分類について述べてきた。また、これまで大規模製造業者が中心となって行ってきた流通政策である「流通系列化」について、その形態や取引制度、見直しを含めた現状について解説した。さらに、「流通系列化」の見直しによって出現した新たな流通経路政策について、製造業者と流通業者のパワーバランスの変化がもたらす「取引」関係から「取組」関係といった関係性の変化から捉えることで説明してきた。

---

8)　同上書、300頁。

このような製造業者の流通経路政策の変化は、製造業者が、経営環境の変化に対応していることの表れであり、製造業者が、生きる術を効率の観点から模索しているのである。また、流通業者も同様に、グローバル小売業の進出や異業態間競争の激化により同業態同士の合併や提携といった「流通再編」が進んでおり、流通経路の構成員も日々変化しているのである。

つまり、「これで最善である」という流通経路政策などはなく、製造業者、流通業者を問わず、経営環境に素早く対応し、流通経路の構成員全体の最適化を考えた流通経路政策が望まれるのである。

【参考文献】

石井淳蔵・栗木契・嶋口充輝・余田拓郎『ゼミナール マーケティング入門』日本経済新聞社、2004年。
拙稿「マーケティング」伊部泰弘・今光俊介編『現代社会と経営（増補版）』ニシダ出版、2011年、57-71頁。
今光俊介「マーケティング」伊部泰弘・今光俊介編『事例で学ぶ経営学』五絃舎、2012年、33-45頁。
浦上拓也「マーケティング・チャネル」宮澤永光・城田吉孝・江尻行男編『現代マーケティング–その基礎と展開』ナカニシヤ出版、2009年、171-188頁。
清水真「チャネル戦略」片山富弘・谷本貴之・松井温文編『就職に役立つマーケティング』一灯館、2009年、65-76頁。
鈴木安昭『新・流通と商業』有斐閣、2010年。
高嶋克義『現代商業学』有斐閣アルマ、2002年。
松井温文「経路戦略–インターネット販売と人的販売–」伊部泰弘・今光俊介・松井温文編『現代のマーケティングと商業』五絃舎、2012年、81-97頁。
矢作敏行「変容する流通チャネル」田島義博・原田英生編『ゼミナール 流通入門』日本経済新聞社、1997年、292-328頁。

第９章　強力な流通経路戦略

第１節　商業の視点から捉える

本章ではマーケティングを学ぶ。製造企業によるマーケティング戦略の１つである経路戦略の視点から商業・流通が捉えられた。今日、商業者・流通業者がパワーを急速に強化し、小売マーケティングという独自の学問領域を形成しつつある。その点からすれば、マーケティングは製造企業固有のものとは言えない側面もある。そうではあっても、本章では基礎理論を理解するにあたり、過去に立ち返り、純粋な形でのマーケティングと商業との関係をみていく。繰り返せば、商業・流通を異なる視点からみることによって、強力な流通経路戦略の理解を深めよう。

商業者と流通業者という用語は何が異なるのかという基本的な理解から始める。卸売業者や小売業者は直接分析される際には商業者と認識される。それに対して、製造企業の生産した商品がどのように流通するのかという視点からそれらを分析する際には流通業者と認識される。言い換えれば、マーケティングに係る卸売業者や小売業者は流通業者と認識される。現実社会では複雑な流通構造が形成されるため、明確にその性格を表さないこともあるが、商業者がまたは商業本来の機能がマーケティングとの係わりでどのように変化するのかを理解しよう。

マーケティングは中小零細規模の製造企業でも実践される。そのような企業での魅力あるマーケティング活動が分析されることもある。しかし、基礎理論を理解するため、マーケティング登場の歴史をさかのぼり、寡占的・独占的な大規模製造企業によるマーケティング活動のみをここでは捉える。それはマーケティングが経済主体の異なる多様な商業者を力強く巻き込む活動だからである。

第２節　商業の機能

商業者は商品を購入し、それを他に販売する業者である。その点だけをみれば非常に単純な活動である。商品の売買を専門に行う商業者にはどのような役割があるのか。交通機関の未発達な時代、生産者は比較的狭い地域の消費者に商品を生産、販売していた。この段階では商業者は必要がない。生産者は自らの生活を豊かにするため、生産量を増やそうとより遠方の消費者にも商品を販売したいと思う。もし生産と販売を個人の生産者が行うならば、ある時点ではどちらか一方の活動しか行えない。

そこで、商品の販売を専門とする商業者が登場する。我が国では近江商人がその代表である。交通機関が未発達であった時代、生産者と消費者との距離的な隔たりを埋めることは商業者の重要な役割であった。しかし、交通機関や情報網の発達により、その役割の重要性は低下する。商業の役割である機能は多様にあるが、時代の変化を受けない本質的機能は過去、今日、将来にわたっても存続する。この本質的機能を理解しよう。生産者が直接消費者に商品を販売しようとするならば、購入可能性のある消費者を探さなくてはならない。逆に消費者が生産者のもとに訪れて商品を購入する場合、消費者は移動のための時間と費用が発生する。希望する商品がどこで生産されているのかが分からない場合、生産者を探すための費用も追加的に発生する。さらに、消費者が漠然とした購買意欲しか生じていないため、複数の生産者の間を移動して商品を選択する場合、そのための時間と費用は加速度的に増加する。このような過分に発生する時間と費用は社会全体の浪費とも理解され、生産者と消費者両者にとって、直接取引は現実的ではない。

商業者が生産者と消費者の間に介在するとどうなるのか。生産者の視点からみていこう。有能な商業者と取引することで、生産者は消費者を探す必要がなくなり、生産に専念できる。生産性を高め、生産量を増加することによる原材料の増加により、仕入価格を下げる効果としての規模の経済による費用の削減を達成する。資本規模が大きくなれば、生産者が商業の能力・機能をもつことも一応可能である。しかし後述するが、現実的にそれは非効率的となる。生産者が利潤の極大化を目的として、規模の拡大を図ろうとする場合、それに合わせて生産システムや組織体制の充実に注力する必要に迫られ、生産と販売の能力を同時に高めることは困難となるからでもある。

次に消費者の視点からみていこう。商業者が介在することによって、商品を探索する時間と費用が節約される。この効用は計り知れない。消費者は商品を購入する際、多くの選択肢を得たいと思う。それは牛肉であれば、但馬牛、松阪牛、佐賀牛、飛騨牛、近江牛、アメリカ産牛肉、オーストラリア産牛肉などの選択肢である。また、消費者の購買選択は常に同じではなく、状況に合わせて多様に変化する。それらの商品を現地で直接購入することは全く現実的ではない。消費者は身近な場所で、商品の購入を求める。それを実現するのが商業者である。消費者は商業者のもとまで足を運べば、複数の選択肢の中から希望する商品を購入できる。

多様な生産者の商品を取り揃え、不特定多数の消費者へ販売をする商業者の活動はまさに社会的である。商品の売買を専門とする商業者のこのような活動を社会的な売買の集中と表現する。これは商業が存立する根拠であり、生産者が商業活動を自ら直接行えない理由でもある。

次に、社会的な売買の集中を実践する商業者はどのような能力を高めるのかを理解しよう。それは存立根拠だけでは商業者としての魅力は不十分であることを意味するからである。商業者は複数の生産者の商品を購入する。同じ属性の商品を比較検討することによって、商品知識と生産に係るさまざまな情報を豊富に蓄積する。このような商業者は商品を販売する際、それらの情報を消費者の購買意欲を掻き立てる手段として活用する。高級野菜をあげれば、外見上一般野菜とは変わらなくとも、味は格段の差がある。最適な産地や農家などの情報や選択は消費者にはできない。それらに係わる情報は消費者にとって重要となる。また、多様な消費者に向き合う商業者は消費者の購買に関する情報を豊富に蓄積する。それらの情報は生産者が新たな商品を開発する、または生産量を確定する際の重要なものとなる。商業者は生産者にとって、商品開発部門や営業部門の代理機関であるとも認識される。このようなことからも商業は社会的な存在であると理解される。

生産者と消費者の両側面に関する情報を収集し、それを活かすことで発展的に商品の企画を行う商業者も登場する。このような発展的商業者を理解しよう。生産者と商業者に、商業者は卸売業者と小売業者に分化する。分化は専門化とも理解され、それは限定された領域でのさまざま熟練を促す。熟練は専門領域の知識のみの豊富化であると考えてはならない。熟練度を高めるために、その領域に関する知識を深く掘り下げるだけでなく、それに関連する領域にも広く関心を強める必要がある。単なる知識の集合ではなく、それらの有機的結合を活かして、活動範囲を拡張する商業者が登場する。それが先述した小売マーケティングへと発展する。

追加的になるが、本章の場合、小売業者が基本的な対象となるが、卸売業者も同じ原理に従う。我が国特有の卸売の多段階構造を説明しておこう。多段階構造は取引回数を増加させ、消費者は根拠のない割高な商品を購入させられているという批判がある。消費者志向が強く求められる今日、社会的に有害な構造・機構は自然と排除されるはずである。商業者は消費者の購買行動の影響を直接受ける機関であることからすれば、消費者がこの多段階構造を意識するかどうかは別として、受け入れているものと考えられる。結論だけ言えば、我が国の消費者ニーズは多様であり、それらを消費者は強く満たそうとする傾向がある。そのような消費者ニーズに対応するため、ある属性の商品の選択肢は諸外国と比較して膨大になる。豊富で魅力ある品揃え形成を達成するためには社会的な売買の集中をますます強化する必要が生じるため、卸売構造は多段階となる。低価格競争が激しい今日的状況下で、卸売業者は豊富な品揃えを形成する優れた能力を持っていると積極的に理解される。

第3節　商業機能を制限する商業者

商業機能をフルに活用する商業者は特定の生産者の強い影響を受けることなく、社会的な売買の集中を積極的に行う。このような素晴らしい機能を制限する商業者の論理を、言い換えれば、そのような機能を制限することによって得られる効用とは何かを理解しよう。

従業員の生活を保証する必要もあり、経営の長期的な安定を商業経営者は当然に願う。そのような経営者が商業本来の機能を制限するという経営的判断を行う。それによって、商業者はマーケティング機能を担う。ただし、この機能は小売マーケティングを意味しない。製造企業によるマーケティングの最先端を担うという意味である。

商業機能を最も制限した状態が系列化となる。商業者は系列化されることによって、ある製造企業の販売代理機関となる。その製造企業の商品だけを販売することになる。製造企業が自分の商品だけを積極的に販売する機関を必要とする場合、販売代理会社を設立したり営業所を設置したりする。このような販売形態はインターネット販売や通信販売、訪問販売と同様に直接流通と呼ばれる。系列にみられる商業者は製造企業とは独立した経済主体ではあるが、実質的には直接流通と同じ形態となる。製造企業が直接流通体制を全国的に展開するには多くの時間と資金が必要となる。資金投資を生産活動に集中することによって商品そのものの市場競争力を強化するのは大量生産の基本であり、販売拠点拡大への直接投資は結果として、商品の競争力を弱めることになるからである。それゆえ、有能な商業者を自らの傘下に入れることで直接販売と同じ機能を確保しようとする。

マーケティングの原理論では以下のように説明されている。寡占的製造企業は利益の極大化を目指す。大量生産された商品を直接消費者に販売することが現実的ではないため、商業者にそれを任せる。しかし、同じ商品であるならば、低価格で販売されている店舗での商品を消費者は購入する。大量生産された商品は市場の至る所で消費者の目に留まるので、低価格競争に巻き込まれる可能性は高くなる。低価格競争に勝ち抜くため、小売業者は仕入価格に関する交渉力を強めようとする。そのために大量販売とそれに見合う大量仕入れをする。大規模化する商業者の交渉力は強まり、仕入価格の値引きの要請を製造企業は受ける。製造企業にとって、低価格競争は利益を縮小させるので、これの制限が利潤極大化の最善策となる。低価格販売をする商業者を排除しなくてはならないが、直接販売は現実的ではない。この矛盾を系列化体制によって解決しようとする。商業者を系列の傘下に収めることによって、寡占的製造企業は商業を排除する。注意点として、これは商業者を排除するものではない。商業という機能を排除することを意味する。異なる表現をすれば、商業者の実質的排除ではなく、形式的な排除である。これにより寡占的製造企業にとって、商業機能を放棄した商業者は自社の販売会社や営業所と同じ機関と認識されるため、直接販売形態と同じ状態になる。それはすなわち、生産から販売に至るマーケティング活動のすべてを完全に管理支配する体制が完成したことを意味する。それと同時にマーケティング力は最大となる。系列体制による商品の流れは間接流通ではあるが、実質的には直接流通となる。

このような商業者は存立根拠となる社会的な売買の集中を放棄すると同時に、さまざまな恩恵を受ける。系列化に対する誤解はこのような商業者と寡占的製造企業との関係を単なる支配従属関係と捉えることである。商業者が寡占的製造企業の手足となり、主体的な意思決定をすることなく、弱い立場にあるという認識は間違いである。なぜ商業者は系列体制に入ろうとするのか。利益獲得のための大量販売は有効ではあるが、低価格競争に必然的に巻き込まれる。それに勝ち抜くため、大量販売をますます強化することによって、仕入れ価格を引き下げなくてはならない。商業者は大規模化が必須となる。差別的優位性を価格に求めるならば、低価格競争はますます激化し、各社の利益は縮小する。そのような市場競争を商業者は望まない。それゆえ、価格を統制する系列システムは魅力となる。

大規模製造企業と商業者が協力関係のもとで行われるマーケティングは消費

者から利益を奪う強圧的手段となった時代もある。それは独占価格の設定によるものであったが、独占禁止法がそれを阻止するようになった。これを前提として、今日でも定価販売が確実になされている商品もある。そのような商品は後述される事例から理解されるように、消費者に対するさまざまな効用を提供する。その直接的な担い手が商業者（流通業者）である。

第4節　事　例

本来は京都に本社が所在するまたは発祥の地とする製造企業によるマーケティングの事例を取りあげるべきであった。しかし、適切な対象がなかったため、本章では京都にみられる小売業者の活動を紹介する。3つの系列的流通と1つの閉鎖的流通の事例を紹介する。

1.　自動車ディーラー

新車は中古車販売会社や自動車修理工場でも販売されているがそれらは自動車ディーラー（これ以降、ディーラーと表記）とは呼ばない。ディーラーは自動車メーカーとは独立した経済主体ではあるが、系列化によって強く結ばれている。海外自動車メーカーと販売代理店契約をするディーラーもある。ただし、輸入車ディーラーは複数の自動車メーカーと契約することもある。それに対して、国産車ディーラーはある自動車メーカー1社との契約に、さらに一部の車種のみに販売が限定されている。例えば、トヨタ自動車であったとしても、京都トヨタ自動車、ネッツトヨタ京都、トヨタカローラ京都、京都トヨペットという複数のディーラーが存在する。

販売員はマンツーマンで接客対応をする。消費者からの質問に答えるだけでなく、試乗のために同乗することもある。自動車は高額商品であるため、複数回来店する場合もあるが、販売員は毎回丁寧な接客対応をする。質問は多様であり、豊富な商品知識が求められる。モデルチェンジもあり、他の商品との違いだけでなく、過去の同一商品との比較説明が求められることもある。提供可能性のある情報は膨大であるため、取扱商品数が限定されていることは妥当性をもつ。

ディーラーで受ける車検・修理サービスについて、2003 年 11 月実施のアンケート調査の結果によれば、ディーラーが提供する車検・修理サービスは高価格ではあるが、その品質は高く、信頼度の高いものであると消費者は認識しているという回答を得た[1)]。車種を限定することによる車検・修理サービスの品質確保がここにも示唆される。

2.　海外高級アパレル商品

国内アパレル商品はアパレル企業が商品の企画から販売まで一貫して行う SPA（speciality store retailer of private label apparel）という生産流通体制を整えている。それに対して、海外高級アパレル商品の場合、日本の企業が海外アパレル企業と販売代理店契約を結ぶことがある。そのような海外高級アパレルブランド店は京都河原町周辺に集まっている。

入口の扉はなくとも、冷やかしでの入店を拒む敷居の高い雰囲気があり、消費者を絞り込む機能がある。販売員は消費者を常連客である顧客に育成するよう、懇切丁寧な接客対応をする。顧客は商品を購入するだけでなく、特別な対応を受けることにうれしさを感じる。例えば、電話で来店予定を伝えれば、希望する販売員に対応をしてもらえる。好みや過去に購入した商品が把握されているため、適切な対応を受けられる。また、店内ファッションショーなどへの招待がなされたりもする。

店舗内の通路は広く、陳列されている商品の数も決して多くない。通常顧客にとって、商品の選択肢が多いことは購買意欲を高める。しかし、商品を豊富に陳列するために通路を狭くすることはブランド・イメージを損なう可能性がある。店舗内の雰囲気も顧客にとっての重要な要素だからである。自動車ディー

---

1)　拙稿「我が国自動車ディーラーにおけるサービス・マーケティングの必要性−生産的労働と不生産的労働の基本的理解による販売される財の再検討−」『関西実践経営』第 27 号、2004 年 6 月。

ラーとは異なる理由から品揃えを一般商業者のように多くはしない。

3. 高級化粧品

ドラッグ・ストアやスーパー・マーケットにみられるセルフ販売方式ではなく、百貨店などでの美容部員による販売をここでは取りあげる。高級化粧品の場合、直接販売の場合もあれば、系列化された販売もある。両者の区別は表面的には分からない。

化粧品は小さなブースでの販売になる。美容部員が消費者の肌質や希望に合わせて商品を紹介したり、実際にメークアップを行う。美容部員は化粧品に関する情報だけでなく、メークアップ技術も優れていなければならない。メークアップ作業と同時に、丁寧な説明をする能力も求められる。顧客への対応では以前に購入された商品をベースに、消費者の魅力を引き出すような新たな提案もなされる。

自動車ディーラーや高級アパレル商品の場合には顧客の関心に係るさまざまな会話を交えての販売活動を行えるが、美容部員の会話は化粧に限定されている。また、販売員と顧客との長期的関係の構築について、美容部員は常に各店舗を移動するため、それが困難である。顧客に関する蓄積されたデータを的確に把握し、自然な対応をすることで担当者の交代があっても、顧客に違和感を生じさせない接客技術が求められる。関係構築の柱は商品そのものであり、その有用性がどれだけ高いかを顧客に伝えることが美容部員の重要な役割である。

4. 土産

観光客が京都に訪れた際、土産を購入することは多い。観光地には土産物屋が連なる場所もある。それだけでなく、観光客は高速道路のサービスエリアの売店で土産を購入することもある。それらの商品は全て定価で販売されている。この事実を私たちは当然のように感じるのではないか。先述した商業者の論理からすれば、低価格競争に陥る可能性があるのにそのようにはならない。

最後に、このような商品の流通を理解しよう。一般的な製造企業は利益の拡大のため、より広い範囲の消費者に商品を販売しようとする。そのためには販売力のある多くの商業者に商品を販売する。しかし、それは同時に消費者の目に留まる頻度が高くなり、購買時の比較対象が同じ商品であるならば、価格に絞られるため、低価格競争に巻き込まれる。それに対して、土産は基本的に観光客が消費者となる。それは同時に、市場の拡大を如何に図ろうとしても観光客の数に制約される。

マーケティングは限られた市場を各企業で奪い合う活動であることからすれば、土産市場でも同じようなことが起こるのではないかと思われるかもしれない。確かにそのような側面はあるが、マーケティングの歴史的な前提と大きく異なる点がある。土産そのものは差別化がなされているため、各商品のブランド力が消費者の購買行動に大きな影響を与える。それに対して、マーケティングにおける各商品は基本的に差別化の程度が低いことを前提とする。本来的に差別化された土産は低価格競争に陥る必然性が低い。また、価格が低い土産はそれを贈る相手に失礼であるという認識を消費者に抱かせることも１つの心理的要因にあるかもしれない。

このような土産は直接流通や閉鎖的な間接流通によって価格が維持される。ただし、先述した３つの事例とは異なり、土産に係わる接客サービスの品質が高いとは言えない場合は多々ある。社会的な売買の集中を担うに過ぎないこともある。

【参考文献】

森下二次也『現代商業経済論 改訂版』有斐閣、1977 年。
森下二次也『商業経済論の体系と展開』千倉書房、1993 年。
西島博樹「商業の存立根拠」伊部泰弘・今光俊介・松井温文編著『現代のマーケティングと商業』五絃舎、2012 年。

第10章　小売企業の革新的なマーケティング

第1節　販売とマーケティングの違い

バブル経済崩壊以降、特に、小売店主を含む小売企業の方々から、「うちの商品売れないんだよね。」「お客さんが来なくて商売あがったりだよ。」といった声をよく耳にする。実は、これは、販売という考え方に固執するあまり、マーケティングという考え方、あるいは志向ができていないために起こっている現象ではないかと筆者は考えている。

そこで、販売とマーケティングの違いについて考えてみたい。販売とは、商品あるいはサービスを売る活動そのものを指す。特に、現代の日本社会は、供給過多状況にあり、代替品が多数存在する「モノ余り」の時代において、モノそのものを売る行為つまり販売だけで小売店の売り上げを上げることなどできない。そこで、小売企業は、消費者にモノを売る(販売する)のではなく、消費者にモノを買ってもらうための仕組みや仕掛けが必要となる。つまり、モノそのものを売るという販売活動から需要を創り出し、消費者に買ってもらうための仕組みや仕掛けを創るマーケティング活動が必要になった。特に、「モノ余り」や代替品・代替店が多数存在する現代社会においてなお、小売企業は、自店の収益を上げるための活動が必要であり、それは、小売企業の宿命であるといっても過言ではない。

そこで、小売企業における販売とマーケティングの主要な相違点をまとめてみる。表10-1によると、まず、考え方については、販売は、モノやサービスを売るための活動そのものであるが、マーケティングは、顧客が買いたいと思い、購買行動に結びつけるための活動のため、顧客満足の追求が前提となる。

表 10-1　小売企業における販売とマーケティングの主要な相違点

	販売	マーケティング
考え方	顧客にモノやサービスを売る行為そのもの	顧客にモノやサービスを買ってもらうための仕組みや仕掛けを創り、顧客満足を得ること
対象者	不特定多数の顧客	特定多数の顧客
主な活動	商品と代金を交換する活動	顧客のニーズを把握し、需要を創り出す活動
中心となる戦略	価格戦略やチラシなどの販売促進戦略が中心	マーチャンダイジング（品揃え）・価格・プロモーション、立地などの最適ミックス戦略が中心
目　標	顧客に商品を売った数量による売上・利益の拡大	顧客満足による売上・利益の拡大

出所：筆者作成。

第 2 に、対象者については、販売は、モノやサービスを売る対象は誰でも良いため、不特定多数の顧客が中心となる。一方、マーケティングは顧客満足を得てもらうための活動であるため、必然的に特定多数の顧客になる。

第 3 に、主な活動については、販売は、モノやサービスの売買を行うため、商品と代金の交換が中心活動となる。一方、マーケティングは、売れる仕組みや仕掛けを考える活動であるため、顧客ニーズを把握し、需要を創り出すことが中心活動となる。

第 4 に、中心となる戦略については、販売では、売るための価格戦略およびチラシやインストア･プロモーション[1]などの販売促進戦略が中心となる。一方、マーケティングでは、マーケティング・マネジメントにおいて実施可能なマーチャンダイジング（品揃え）戦略、価格戦略、プロモーション戦略、立地戦略などの最適ミックス戦略が中心となる。

最後に、目標については、販売では、考え方がモノやサービスを売ることそのものであるため、顧客に商品を売った数量による売上・利益の拡大が目標と

1)　インストア･プロモーションとは、店頭におけるプロモーション活動のことであり、POP 広告や購入を促すための陳列方法や演出技術のことをいう。

なる。一方、マーケティングでは、顧客満足の追求の考え方に基づいて、顧客満足による売上・利益の拡大が目標となる。

このように、小売企業における販売とマーケティングでは、モノやサービスを売ることそのものが中心課題となるのか、顧客満足が中心課題となるのかの大きな相違点がある。特に、小売企業活動において、モノやサービスそのものを売ろうとしてもなかなか売れないため、顧客満足の追求が課題となっている現代社会では、マーケティングの実践が急務の課題である。

第2節　小売企業マーケティングの特質

では、小売企業のマーケティングにはどのような特質があるのだろうか？そこで、メーカーのマーケティングとの違いからその特質を明らかにしてみる。ここでいうメーカーとは、小売企業が扱う商品を製造する消費財メーカーとする。

表10-2は、メーカーのマーケティングと小売企業のマーケティングの主要な特徴を示したものである。

特に、対象市場において、メーカーは、「どこのお店でも構わないので自社の商品（ブランド）が売れ、収益が上がれば良い」という立場であるため、不特定多数の人々に認知され、購買を促進するマーケティング活動を展開することになり、マスあるいはセグメント（細分化）された市場が対象となる。一方、小売企業は、「どのメーカーの商品（ブランド）でも構わないが、自店の収益が上がれば良い」という立場であるため、特定の顧客に認知され、購買を促進するマーケティング活動を展開するため、パーソナル（個別）な市場が対象となる。また、メーカーの対象市場が、マスあるいはセグメントされた市場であるため、マーケティングの対象範囲は、全国的あるいはグローバルになり、マーケティング目標も、自社ブランドの市場シェアの拡大となり、必然的に広告もより広範囲の顧客に自社のブランドを認知してもらい、購買を喚起させるため、マスメディア広告が中心となる。一方、小売企業の対象市場が、パーソナルな市場であるため、マーケティングの対象範囲は、商圏内あるいはローカルとな

表 10-2　メーカーと小売企業のマーケティングの主要な特徴

	メーカーのマーケティング	小売企業のマーケティング
対象市場	マスあるいはセグメントされた市場	パーソナルな市場
対象範囲	全国的あるいはグローバル	商圏内あるいはローカル
マーケティング目標	自社ブランドの市場シェアの拡大	自店の顧客シェアの拡大
中心となる広告手法	マスメディア広告中心	チラシ広告中心

出所：筆者作成。

り、マーケティング目標も自店で購入する頻度を高めてもらう顧客シェアの拡大が中心となる。そのため、商圏内あるいはローカルな範囲内の顧客の顧客シェアを高めるための広告手段としては、チラシ広告が中心となる。このように、メーカーと小売企業のマーケティングは、その特徴が大きく異なっている。

また、マーケティング戦略において用いられるマーケティング・マネジメント手法である 4Ps 戦略についてもメーカーと小売企業では大きく異なっている。メーカーのマーケティング・マネジメントにおいては、製品、価格、販売促進、流通経路の 4 つの要素における最適ミックスの戦略が検討される。一方、小売企業におけるマーケティング・マネジメントにおいては、マーチャンダイジング（品揃え）、価格、販売促進、立地の 4 つの要素から最適ミックスの戦略が検討される。

マーチャンダイジング（品揃え）戦略では、自店の商圏内の顧客ニーズに合わせ顧客のライフスタイルを創造するための商品の取り揃えや売り場づくりが求められる。特に、品揃えにおいては、メーカーのブランドであるナショナル・ブランド（NB）と小売企業のブランドであるプライベート・ブランド（PB）の最適ミックスが検討される。

価格戦略では、品揃えした商品の価格設定が中心となる。店全体の価格帯、価格線、価格幅で管理していく必要があり、ターゲットとする顧客のニーズに合わせた価格設定が重要となる。具体的には、「一貫して低価格」を提供するエブリデイ・ロープライスや、「1個200円のところ3個500円」など単位価格を設定し、値引きを行うユニット価格、199円や398円といった端数価格、タイムセールなど時間帯によって価格を変動させる特別価格などの価格戦略がある。

販売促進戦略では、来店頻度向上策と顧客1人当たりの購買単価向上策が中心となる。来店頻度向上策では、商圏内の顧客がターゲットとなるため、効果的なチラシ広告が求められる。また、多店舗展開している小売企業では、マスメディア広告やネット広告を使って来店頻度を上げることも可能である。更に、店頭を活用したイベントやキャンペーン、ポイントカードの利用も固定客化を図り、顧客シェアの拡大につながるプロモーションとなる。また、顧客1人当たりの購買単価向上策では、価格政策と連動したPOP広告や購買を促すディスプレイなどのインストア・プロモーションの成否が鍵となる。

立地戦略では、競合店やターゲットとする顧客数を踏まえて、最適な立地条件のところへの出店が検討される。また、どのような業態(営業形態)で進出するかといったことも検討させる。

このように、小売企業におけるマーケティング・マネジメントにおいても、メーカーのそれとは異なっており、マーケティング・ミックスにおける最適化の成否が企業の収益を決定するといっても過言ではない。

そこで、小売企業が取り組む革新的マーケティングの事例からマーケティング志向について考えてみたい。

第3節　小売企業が取り組む革新的マーケティング
―㈱ストックバスターズのケース―

1．ストックバスターズの概要

㈱ストックバスターズ(以下、ストックバスターズと略す)は、2002年10月に新潟県燕市に開業したハウスウエア、キッチンウエアを中心としたメーカー直結型の「ファクトリーアウトレットショップ」である。2013年3月の上越店の出店により、現在2店舗で運営している。2012年の売上高は、前年比約

18%増の2億7,000万円、来店者数は28万人であった。両店舗の特徴としては、100社近い地元メーカーや商社の協力を得て、品揃えがなされていることがある。また、最初に出店した燕市は、「燕三条」地域と呼ばれており、世界有数の金属加工産地として知られている。特にこの地域においては、これまでメーカーと商社に共通の課題として、在庫処分の問題があった。様々な事情により、通常の取引先での販売が困難な商品が在庫として残ってしまい、それらを金銭を支払って処分することもあった。そこで、ストックバスターズでは、ハウスウエア、キッチンウエアメーカーと商社から発生する余剰在庫を品揃えすることで、消費者に効率的、スピーディーに格安（50%～90%OFFが最多価格帯）で提供するとともに、廃棄処分にかかるコストの削減やゴミを減らすことなどを実現している。それは、「ストックバスターズ」というネーミングに表現されており、「在庫退治」という意味合いで付けられた店舗名にその使命が込められている。

このように、ストックバスターズは、地域固有の問題を「ファクトリーアウトレット」という手法で解決していくことで、地域貢献を果たしていると言える。また、ストックバスターズは、地域活性化にも積極的に関わっている。それは、周辺の観光地（寺泊の魚介販売）との連携により、産地直販の観光スポットとして、週末には、ツアーなどで観光バスを利用して訪れる買い物客も少なくなく、観光バスは年間約千台に上り、全体の来客数の1割以上をバス利用客が占めているといった状況である[2]。

また、現在、プランターによる野菜栽培セットの販売など「野菜作りの楽しさ広め隊」という名のもとに園芸部門にも進出し、事業の多角化を図っている[3]。

2. 学生とストックバスターズのジョイント企画

2013年4月にストックバスターズの轡田（くつわだ）社長から「大学生と一緒にマーケ

---

2)　㈱ストックバスターズ代表取締役社長轡田秋夫氏へのヒアリングによる（2013年6月19日実施）。

3)　野菜づくりの楽しさ広め隊、http://fujitayasai.jp/（2015年6月6日アクセス）。

写真 10-1　特設コーナー

出所：筆者撮影（2013 年 9 月 1 日ストックバスターズ上越店）。

写真 10-2　POP 広告

出所：写真 10-1 に同じ。

ティングを実践できるイベントが出来ないか」といった依頼を受け、筆者の当時の 4 年生ゼミ 11 名がその企画を考えることになった。ゼミ生 1 人 1 人が企画を考え、社長に対して企画のプレゼンテーションを行った。その結果、学生 1 人 1 人が当企画に関われ、またマーケティングが実践できるイベントとして「いつもありがとう＆ごめんねフェア」を 2013 年 9 月中の 1 ヶ月間限定で燕店と上越店の両店同時に行うことになった。

当フェアの趣旨は、母の日や父の日に感謝の気持ちが伝えられなかった人やいつも感謝やお詫びの気持ちがあるのになかなか伝えられない人に、この期間に感謝のありがとうという気持ちとお詫びのごめんねを伝えるフェアを実施することであった。写真 10-1 のような「いつもありがとう＆ごめんねフェア」のコーナーを設け、学生たちが店内の商品から「ありがとう＆ごめんね」に相応しい商品を選定し、写真 10-2 のような POP 広告（父や母に対する感謝やお詫びの気持ちをメッセージとして表現する）を考え、ディスプレイするとともに購入者にメッセージカードを自身で書いてもらうといった内容のものであった。

このイベントの狙いは、単にモノの販売ではなく、メッセージという「言葉」の付加価値を贈り物とともに届けるという「場面設定」を行い、モノ消費ではなくコト消費に向けての実践の場を創造することであった。具体的には、写真 10-2 のように万能包丁の POP 広告として「お母さんいつも切れない包丁で美味しいご飯を作ってくれてありがとう。これを使えばもっと楽に切れるよ。これからも美味しいご飯を楽しみにしているね。」といったメッセージを添えることで、モノ＋メッセージによる付加価値づくりによって購買を刺激するマーケティング活動を展開したのである。

つまり、このような学生とのジョイント企画を通じて、ストックバスターズは、マーケケティング志向（マーケティングという考え方）の具現化を試みることで革新的マーケティングを実践したのである。

3. 当企画の効果と課題

当期間のPOSデータによると、学生たちが選んだ商品の中には、フェア開催1か月前と比較して、燕・上越両店合わせて、約6.5倍の売上高を上げた商品もあり、また全体でも販売数量が微増するなど一定の効果があったものと考えられる。[4)] また、学生達も来店客とのコミュニケーション活動を通じてマーケティング志向を実践することができ、商売の楽しさを実感することができていた。

つまり、企業も学生もマーケティング志向の実践においてそれぞれに効果や成果を上げることができた。

しかし、課題としては、当企画の認知手段の弱さが残った。当企画の告知に関して、学生たちができることとして、費用をあまり掛けずに行えるパブリシティを上手く活用することを集中的に行った。特に、テレビ取材、テレビ番組コーナーによる告知、ラジオでのインタビュー、フリーペーパーへの掲載など期間中を通して広報活動を実践した。しかし、商圏内の訴求対象者である30代から50代の夫婦の方に浸透するまでには至らなかった。その理由として、パブリシティを使ったプル（顧客を引き付ける）戦略以外にも店頭でのインストア・プロモーションや学生たちによるプロモーション活動である人的販売を伴うプッシュ（顧客に働きかける）戦略をもっと戦略的にあるいは効果的に実践していくべきだったと考えられるからであった。

---

4)　㈱ストックバスターズから提供されたPOSデータ集計による（2013年10月3日提供）。

第４節　革新的マーケティングの小売企業への適応

本章では、モノ余りでモノが売れない現代社会で小売企業が生き残るためには、小売企業が、販売志向から脱却し、マーケティング志向という考えを持つ必要性を説いた。つまり、発想の転換が必要であり、モノ消費の売り場ではなく、コト消費の売り場づくりが求められる。コト消費とは、コト（楽しいコトや嬉しいコトなど）という日々生活している場面を設定し、そのなかにモノを位置づけ、日々の体験や経験を通じてコトそのものを消費してもらうといった意味合いである。その「コト消費に合わせた売り場づくり」こそが、小売企業が目指すべき革新的マーケティングである。

その革新的マーケティングを実践するためには、クロス・マーチャンダイジング[5)]やインストア・プロモーションはもちろん、顧客を観察し、ニーズを探り、品揃えを決める必要がある。また、小売企業は、コト消費を念頭に置いたイベントやフェアなどを通じ、顧客に経験や体験といった心理的・感覚的な価値を提供する「経験価値マーケティング」を実践することでマーケティング志向を模索する必要がある。

つまり、小売企業が収益を生み出す答えは、顧客にあるため、顧客が買い物中に自身の生活シーンを想像し、コト消費を楽しめる演出や空間が店舗づくりにおいて求められる。

そうすることで、小売企業は、「モノが売れない」からの脱却ができよう。

【参考文献】

Philip Kotler & Kevin Lane Keller, 恩蔵直人監修・月谷真紀訳『コトラー＆ケラーのマーケティング・マネジメント（第12版）』ピアゾン・エデュケーション、2008年。
石井淳蔵・廣田章光編著『1からのマーケティング（第3版）』碩学舎、2009年。
拙稿「小売業の特質」伊部泰弘・清水真・長谷川博・宮重徹也編著『流通・マーケティ

5)　クロス・マーチャンダイジングとは、関連する商品を同じ売り場で販売することである。具体的は、焼肉と焼肉のたれを同じ売り場で販売することなどである。

ング・経営』一灯館、2008年、101-108頁。
拙稿「小売業が取り組むマーケティング志向実践に関する一考察–学生と㈱ストックバスターズ社とのジョイント企画事例を中心に–」『一般社団法人日本販売士協会平成25年度登録講師論文（非公開）』。
拙稿「企業の販売戦略」髙木木直人編著『経営学入門』五絃舎、2014年、113-123頁。
渦原実男『小売マーケティングとイノベーション』同文館出版、2012年。

第11章　インターネット・マーケティング

第1節　インターネット・マーケティングの対象

巨大製造企業によるマーケティングがマーケティング一般である。大量生産は規模の経済によって、大量仕入によるコスト削減を強く推し量り、低価格であるにも係わらず相対的に高品質な商品の生産を可能とする。マーケティング登場以前に、資本主義的生産様式が登場した結果として、規模の経済効果を得られない中小零細製造企業の多くは駆逐され、寡占市場が形成された。その後、過剰生産物の販売を強化するため、少数の寡占的製造企業による市場の争奪戦が始まる。各企業の商品の品質は拮抗していたため、差別化を図る手段としてマーケティングが登場した。ブランドとなる商標を付与し、そのイメージを良好なものとするように膨大な費用の投入による全国に向けての広告宣伝活動が遂行された。消費者は商品そのものの品質の差異を実質的に確認することなく、ブランドのイメージを基準に購買する[1)]。それがマーケティングの本来的な、最も重要な役割である。このようなマーケティング、今日的には全国至る所の小売店で購入可能なナショナル・ブランド商品を販売する製造企業におけるインターネットの活用は本章におけるインターネット・マーケティングとは認識されない。その理由は大量生産された商品の流通は商業者によって担われるからである。

直上の内容とは対極にあるインターネット・マーケティングは商品やサービスを販売する主体がインターネットを主軸に据えて、商業者に依存しないマー

1)　拙稿「マーケティングにおけるブランドの役割−岩永忠康先生の見解を基礎として−」『佐賀大学経済論集』第45巻 第1号、2012年。

ケティングを指す。一般的にはインターネット・マーケティングは広範囲の主体を対象とするが、本質を理解するために対象を限定した。具体的内容は3つの代表において理解されたい。

第2節　製造企業

本節での製造企業は資本規模が小さく、インターネット（以降はネットと表記）を活用したマーケティングを積極的に行う主体である。ネットでの広告は全国という枠を超えて全世界に拡散するものであり、その費用は相対的に低い。それに対して、マス媒体による広告は国内という制限があり、その費用は膨大である。この一面だけを捉えるならば、インターネット・マーケティングの有用性の方が高いように感じられる。しかし、マス媒体の利用は消費者に広くそのブランドを認知させられる。それに対して、インターネット・マーケティングはネットの利用者に限定されるだけでなく、消費者が何かを探索しようとする主体的な意識が働かなくてはならない。また大量の商品流通にとって、商業者は必要不可欠であるが、少量では流通費用は逆に高くなるため、その活用が困難となる。

商品の品質が優れていて、相応に利益率が高く、生産量が少ない場合、インターネット・マーケティングは有効となり、市場が世界に拡大される。商品の素晴らしさを誠実に伝えようとする姿勢が求められる。従来のマーケティングにみられる消費者への意識操作的性格はそこにはない。ネットという限定的な手段ではあるが、消費者情報を収集し、双方向のコミュニケーションを図り、個別顧客への柔軟な接近としてのOne to Oneマーケティングの併用は有効となる。

消費財と比較して、産業財の場合に、コスト削減が各企業に強く求められている今日、従来の関係性重視型取引から経済合理性に従った取引へと移行する傾向があり、インターネット・マーケティングの躍進は疑う余地もない。

第３節　仲介企業

仲介業者は楽天やアマゾンなどをイメージされたい。多様な産業にまたがり、多様な規模の企業だけでなく、個人までを含めた膨大な商品提供主体がネットの発展と共に１つの商業者の下に出現する。商業者の存立根拠は社会的な売買集中の原理である。これは多様な生産者から商品を豊富に品揃えすることによって、消費者の購買代理人として、社会的な役割を担うことを意味する。一般的な商業者は消費者の所在地に接近する必要性から活動範囲は商圏に限定され、品揃えの豊富さにも限界を生じさせる。それに対して、ネット上の仲介企業の下には無限大の品揃え形成が可能となる。希少性の高い商品の場合に、実店舗であるならば、１つ１つ確認するための探索費用と時間が投入されなくてはならないが、ネット上では検索作業のみで探索できる。それだけ消費者への訴求力が増す。

在庫は仲介企業ではなく、商品提供者が自己管理するため、在庫管理費用が軽減され、商品発送作業などからも解放される。それゆえ、無限大に１つだけの商品でも品揃え形成できる。これをロングテール効果と呼ぶ。仲介企業は直接的に商品の品質管理をできないが、商品提供者の管理は可能である。消費者による商品提供者に対する評価の開示によってそれはなされる。商品が手元に届くまでの日数も大幅に改善された。

消費者は品揃えが豊富な企業を選択するため、先発優位な市場となり、仲介ネット市場は短期間で寡占化が成立する。

第４節　情報サービス企業

情報サービスでは、Facebook、Twitter、Line、Instagram などのソーシャルネットワーキングサービス（SNS）が代表である。人と人とをさまざまな形で結び付けるサービスは人間関係が希薄化する今日において社会的にも重要である。

一般利用者は無料であるが、利用者数の十分な確保により、さまざまなビジネスチャンスが生まれる。利用者に対する付帯的サービスや利用者以外へのネット活用に係わるサービスの提供によって利益が確保される。仲介企業と同様に寡占化が進む。ただし、仲介企業では商品の品揃え形成が優位性の源泉になるため、規模の経済がそれを大きく規定するが、情報サービス企業ではサービス提供システムでの差別化が図られるため、競争関係は単純ではなく、市場は棲み分けされる。ある利用者が複数のシステムを使い分ける可能性も十分にある。

共著者紹介

伊部泰弘（いべ やすひろ）
1970 年 福井県敦賀市生まれ
現在 新潟経営大学経営情報学部 教授
松井温文（まつい あつふみ）
1964 年 大阪府門真市生まれ
現在 岡山商科大学経営学部 教授

流通・マーケティング基礎理論

2021 年 9 月 8 日　第 1 版第 1 刷発行

共著者：伊部 泰弘・松井 温文
発行者：長谷 雅春
発行所：株式会社五絃舎
〒 173-0025　東京都板橋区熊野町 46-7-402
Tel & Fax：03-3957-5587
e-mail：gogensya@db3.so-net.ne.jp
組　版：Office Five Strings
印　刷：モリモト印刷
ISBN 978-4-86434-144-8